Klaus Rudolf Berger

Sigmund **FREUD**

Vergewaltigung der Seele

W0058475

Klaus Rudolf Berger

Sigmund
FREUD

Vergewaltigung der Seele

Schwengeler

ISBN 3-85666-281-2

Bestell-Nr. 818281

2. Auflage 1985
3. Auflage 1988
4. Auflage 1991
5. Auflage 1997
6. Überarbeitete Neuauflage 2004

Titelzeichnung: Martha Berndörfler
Gestaltung und Gesamtherstellung:
Cicero Studio, CH-9442 Berneck, www.cicero-studio.ch

Inhaltsverzeichnis

Kapitel 3

Vorwort

Die erste Auflage der jetzt vorliegenden überarbeiteten Neuauflage erschien 1984 in der damit gestarteten «Leben – Werk – Wirkung» Reihe. Nach funf Auflagen in dieser Reihe erscheint die Arbeit zu Leben, Werk und Wirkung Sigmund Freuds in aktualisierter Überarbeitung als eigenständiger Band. Auch jetzt bleibe ich der früheren Intention verpflichtet, Freuds Leben, Denken und Wirken nachzuzeichnen.

Bei der Recherche zu neuer Freudkritik stiess ich auf die Arbeit von Herbert Selg (Stuttgart 2002), der sich Freud unter der Fragestellung: «Genie oder Scharlatan?» näherte. Viele meiner vorgelegten Daten wurden hier bestätigt, andere habe ich an gegebener Stelle meinem Buch hinzugefügt.

Der in der fünften Auflage als Nachtrag ausgewiesene Text stellt jetzt die Einleitung dar, weil er die Notwendigkeit einer Freud-Entmythologisierung anschaulich nachzeichnet.

Nicht «im Moment, da man nach dem Sinn und Wert des Lebens fragt, ist man krank», wie Freud meinte, nein, das Gegenteil ist der Fall. Wenn man beginnt, sich selbst ernst zu nehmen und gewissenhaft nach dem Sinn und Wert des Lebens in und bei Gott fragt, wird man die Fülle des Lebens finden. Das Erstaunliche daran ist, dass dies selbst im Leid erfahrbar bleibt.

Lemgo, im September 2004
Klaus Rudolf Berger

Einleitung

Die intensive Auseinandersetzung mit Leben, Werk und Wirkung Sigmund Freuds deckt eine Vergewaltigung der Seele durch ihn auf. Warum?

– Der von Freud behauptete «psychische Apparat» mit der von ihm vorgenommenen Einteilung in «ICH», «ES» und «ÜBER-ICH» ist eine Primitivkonstruktion, die den höchst komplexen Vorgängen im menschlichen Zentralorgan nicht gerecht wird.

– Die frühkindlichen Erlebnisse sind von Freud überbetont worden, um aus ihnen seine Neurosenlehre zu entwickeln.

– Theorie und Praxis der Freudschen Seelenanalyse grenzen an Scharlatanerie, wie Christoph T. Eschenröder nachwies.

– Freuds Theorie gleicht einem «Tiefenschwindel», wie Dieter E. Zimmer schrieb, weil viele seiner Aussagen unwissenschaftlich sind. Daran ändert auch sein ausgezeichneter Schreibstil nichts.

– Freud verbarg die von ihm entdeckten Misshandlungen, die ihm zeigten, dass junge Mädchen in ihrer Kindheit sexuell missbraucht wurden, und stellt stattdessen seine Trauma-Theorie auf (vgl. Jeffrey Masson: Was hat man dir, du armes Kind, getan? Sigmund Freuds Unterdrückung der Verführungstheorie. Reinbek 1984).

– Statt auf zutreffende und helfende Aussagen über die Seele des Menschen zu stossen, finden sich Lüge und Betrug in Freuds Werk hierzu.

– Die warnenden Worte etlicher Zeitgenossen und Nachgeborener werden in den Wind geschlagen. Wer kennt schon die demaskierende Bewertung der Psychoanalyse durch den Arzt und Philosophen Karl Jaspers, wer kennt Freud in seinen Schriften genau, wer hat ihn studiert und seine Denkvoraussetzungen, sein Vorverständnis von Welt und Menschen dabei berücksichtigt?

9

– Freud wird sich in Sachen Seelenkenntnisse selbst zum Gott.

– Er wird zum Guru für seine Jünger, die mit ihm nach dem «Morde Gottes» zu neuen Religionsgründern wurden.

– Wer sich Freud und seiner Lehre anschliesst, muss damit rechnen, am wahren Sinn des Lebens vorbeigeleitet zu werden und in den Nebel einer Mythologie zu gelangen. Die Wirkungen Freuds sind bis in unsere Tage in den Wissenschaften und dem allgemeinen Lebensverständnis der Menschen aufzuspüren. In Familie, Schule und Universität, in theologischer Seelsorge und in Einrichtungen der Diakonie und Psychiatrie lassen sie sich finden.

Nach der Offenlegung der Gründe für die These einer Vergewaltigung der Seele durch Sigmund Freud, wird die sich anschliessende Nachzeichnung seines Lebens, seines Werkes und seiner Wirkung zu diesen den notwendigen Zusammenhang herstellen.

In einer mir erst kürzlich zugänglichen Arbeit zu Freud, bei der der Autor Karl Reitter (Der König ist nackt. Eine Kritik an Sigmund Freud. Wien 1996) anfänglich ein Befürworter der Freudschen Tiefenpsychologie war, veränderte sich für ihn während des intensiven Werkstudiums seine Haltung, sodass er zum Kritiker werden musste. Warum?

– Freud verwendet zwei Sprachen. Die Sprache der Energie und die der Vorstellung. Das Verhältnis zwischen diesen Sprachen ist nicht gelöst.

– Die Psyche wird als mechanischer Apparat interpretiert. Hierdurch geschieht eine umfassende Kennzeichnung des Menschen, in der der Mann ein nach Triebabfuhr strebendes Wesen ist.

– Das schöpferische Vermögen der Psyche ist mit psychoanalytischen Begriffen nicht formulierbar.

– Die Definition der Sexualität ist überfrachtet, da jedes angenehme Gefühl, jede Lustempfindung im Kern als sexuell angesehen wird.

– Freuds Psychoanalyse ist vollständig dem Konfliktmodell verpflichtet.

– Der Ödipuskomplex entwertet das konkrete Erleben des Menschen weitgehend.

– Die Psychoanalyse führt alles auf das Spiel primärer Triebe zurück (vgl.http://mailbox.univie.ac.at/Karl.Reitter/freudkritik. html).

Neben der in den folgenden drei Kapiteln aufgeteilten Begegnung mit Sigmund Freuds Leben, Werk und dessen Wirkung sei dem fachkundigen wie interessierten Leser empfohlen, sich im Anhang unter der Rubrik Anmerkungen weiterführende Literatur zum Thema vorzunehmen. Als kompetenter Diskussionsbetrag sei besonders empfohlen: Thomas Köhler: Anti-Freud-Literatur, von ihren Anfängen bis heute. Stuttgart 1996.

Sigmund Freud ist eine von denjenigen Persönlichkeiten, die das 20. Jahrhundert auf besondere Weise geprägt haben und damit bis in das 21. Jahrhundert hineinwirken. Es ist spannend, Freud kennen zu lernen, und lohnend, sich intensiv mit ihm auseinander zu setzen. Die folgenden Kapitel geben hiervon einen Eindruck und zeigen auf ihre Weise meine Freud-Begegnung und die aus dieser für mich gewonnenen Erkenntnisse und Erfahrungen.

Kapitel I

Der Mensch Sigmund Freud

Das Selbstbewusstsein der Menschen wird bis heute ganz entscheidend durch die Gedanken Sigmund Freuds (1856–1939) beeinflusst. Seine Herkunft und die sozialen und geistigen Einflüsse, die auf ihn einwirkten, wollen verstanden sein, wenn man ihn und die von ihm hinterlassenen Spuren deuten will.

Im Leben eines Menschen gibt es immer zwei Lebensgeschichten: eine äussere und eine innere. Die äussere Lebensgeschichte zeigt das, was dem Menschen begegnet, ohne dass er dies voraussehen oder beeinflussen kann. Sie schliesst alle Möglichkeiten und Unmöglichkeiten seines Lebens ein. Für das Leben Freuds sind seine jüdische Abstammung, seine junge Mutter, seine um viele Jahre älteren Brüder von der ersten Frau seines Vaters, seine Begegnungen und Beziehungen zu anderen Menschen und die ihm begegnende Sympathie und Ablehnung in seiner äusseren Lebensgeschichte eingeschlossen.

Die innere Lebensgeschichte zeichnet hingegen die Reaktion und Auseinandersetzung des Menschen mit seiner äusseren Lebensgeschichte auf. Diese beiden Lebenslinien sind ständig aufeinander bezogen, verlaufen im Leben des Menschen ineinander, machen sein Leben aus. Wer sich hierzu ein umfängliches Bild machen möchte, sei auf die interessante, aufschlussreiche und mit vielen Originalzitaten versehene Arbeit von Jürg Kollbrunner «Der kranke Freud», Stuttgart 2001, verwiesen.

I. Kindheit und Jugend (1856 – 1873)

Die äussere Lebensgeschichte Freuds nimmt ihren Anfang in Ostgalizien. Im Jahre 1815 wurde in dem 6000 Einwohner zählenden Städtchen Tysmenica der Vater von Sigismund, Jakob Freud, geboren. Jakob arbeitete als Wollhändler. Alle Arten von Textilien wurden von ihm im Austausch zwischen Galizien und Mähren gehandelt. Sein Leben war beschwerlich. Mit seinem Geschäft liess sich seine Familie nur recht und schlecht ernähren. So machte er sich auf die Suche nach besseren Handelsmöglichkeiten und zog 1844 von Tysmenica nach Freiberg (tschechisch Pribor). In der Schlossergasse 117 fand er in einem einfachen zweistöckigen Haus in der ersten Etage eine neue Bleibe für seine Familie und sein Geschäft. Hier erblickte Sigismund Freud am 6. Mai 1856 das Licht der Welt.

Die Mutter Freuds, Amalie, war 20 Jahre jünger als ihr Mann und dessen dritte Frau. Für Sigismund (mit 22 Jahren änderte er seinen Namen von Sigismund in Sigmund) war zunächst nicht seine Mutter, sondern eine Kinderfrau da. Monika Zajicova, die im Hause Jakob Freuds beschäftigt war, kümmerte sich um das seelische und leibliche Wohl des kleinen Sigismund. Dies lässt aufhorchen. Warum kümmerte sich seine leibliche Mutter nicht um ihn? War sie überfordert, mit 21 Jahren als Mutter und Hausfrau ihren Aufgaben in der Familie nachzukommen? Für die ersten 2 ½ Lebensjahre war Monika Zajicova Sigmunds «Mutter». Von ihr scheint er schon in sehr jungen Jahren eine seelische Wunde erhalten zu haben. Freud bezeichnete Frau M. Z. als seine «Lehrerin in sexuellen Dingen». Verbindet sich möglicherweise hiermit eine Andeutung auf eine «sexuelle Misshandlung»? Als Amalie schliesslich ein drittes Mal schwanger wurde, verliess Monika Zajicova das Haus. Sie wurde wegen kleinerer Diebstähle entlassen. Sigmund reagierte hierauf mit Weinen und Entsetzen. Überall suchte er seine «Mutter», doch sie war nicht mehr aufzufinden. Sein um 20 Jahre älterer Bruder Philipp ärgerte den Kleinen und führte ihn zu einem Kasten. Man wollte nachschauen, ob die Vermisste sich in diesem versteckt hielt. Als sie den Kasten öffneten, war er leer. Sigmund heulte. In diesem

Moment erschien Amalie in der Tür. Nach dem Verlust der Ersatzmutter fand er zu seiner eigentlichen Mutter zurück. Es ist verständlich, dass Sigmund mit 2 ½ Jahren das durchlittene Weh gedanklich nicht verarbeiten konnte. Gefühlsmässig traf ihn dies jedenfalls dermassen stark, dass er sich als 30-Jähriger noch an dieses Geschehen erinnerte und darüber nachgrübelte.

Neben dem Verlust der Ersatzmutter machten Freud in seiner frühen Kindheit seine Beziehungen zu den älteren Brüdern Philipp und Emanuel zu schaffen. Verwirrend für ihn kam noch hinzu, dass seine Mutter im Alter seiner älteren Brüder war. Entsprechend konnte er diese nur schwer als Mutter annehmen. Für ihn war sie zunächst so etwas wie eine grosse Schwester. Amalie schien wohl etwas von den Problemen ihres Erstgeborenen geahnt zu haben. Im heranwachsenden Alter ihres «Siggi» stand sie immer ganz auf seiner Seite, was zu Lasten ihrer anderen Kinder ging. Wie es in jenen Jahren in der Familie Freud zuging und welche Probleme sich hieraus für die Entwicklung des drei Jahre alten Sigmund ergaben, lässt mittlerweile die Forschungsliteratur zu Freud nicht mehr unbeantwortet. Sie berichtet von «Beziehungsproblemen», von Liebeleien zwischen Amalie und ihren erwachsenen Stiefsöhnen, die dann nach England auswanderten. Hat Freud in der eigenen Familie erlebt, was ihn später zu der These verleitete, dass Söhne dem Vater die Frau streitig machen?

Die Umgebung, in der Freud aufwuchs, war wunderschön. Wogende Wälder erstreckten sich von den Karpaten bis kurz vor die Schlossergasse. Die Landschaft seiner näheren Umgebung wurde ihm schnell vertraut und liess ihn zeit seines Lebens tief beeindruckt sein. In den Wäldern war sein Zuhause. Mit dem Vater wanderte er oft durch diese wilde, noch unberührte Natur seiner frühen Heimat. Durch die hier gewonnenen Naturerlebnisse wurde sein Schönheitsempfinden entscheidend geprägt.

In der Familie Freud lebte der jüdische Glaube. Freiberg beherbergte zu jener Zeit viele Juden. Die jüdische Sprache und eine strenge Gläubigkeit wurde in den Familien der Juden gepflegt. Schon in ihrer äusseren Erscheinung konnte man diese Juden von den Polen und Ukrainern, die auch in Freiberg lebten, gut unterscheiden.

Sigmund wuchs so in einer religiös-jüdischen Familie auf. Sobald er lesen konnte, wurde er mit den Texten des Alten Testamentes vertraut gemacht. Mit fortschreitendem Alter las er diese auch in Hebräisch.

Das Aufkommen der Industrie machte es Jakob Freud immer schwerer, mit seinem Wollhandel zu bestehen. Als man dann in den fünfziger Jahren die neue Bahnlinie nicht mehr mit Freiberg verband, entschloss sich Jakob 1859, Freiberg mit seiner Familie zu verlassen. Mit seiner Frau und den Kindern Sigmund und Anna führte der Weg zur neuen Heimat über Leipzig nach Wien. Kurz vor der Geburt seiner zweiten Tochter Rosa kam Jakob mit seiner Familie 1860 nach Wien. Wien war zu jener Zeit die Hauptstadt eines grossen Reiches, das im Westen vom Rhein bis zur Dnjestr und im Osten von der Po-Ebene bis weit über die nördlichen Ausläufer der Karpaten reichte. Das Leben in dieser Weltstadt war bunt gemischt. Etwa 500 000 Menschen unterschiedlichster Nationalitäten hatten in ihr ein Zuhause. Zeitschriftenhändler boten Zeitungsausgaben in deutscher, ungarischer, polnischer, ruthenischer, tschechischer, slowakischer, kroatischer, slowenischer, rumänischer und italienischer Sprache an. In dieser Stadt, in der die Kultur so verschiedener Menschen beheimatet war, sollte Freud ab 1860 fast sein ganzes langes Leben verbringen.

Zunächst fand die Familie Freud in der Weissgerberstrasse eine Bleibe. Da die Familie aber bis 1866 auf acht Personen angewachsen war, musste Jakob eine grössere Wohnung suchen. So zog man in ein Stadtviertel Wiens, in dem hauptsächlich Juden wohnten.

Mit den Jahren ging es mit dem Wollhändler Jakob Freud geschäftlich wieder bergauf. War Sigmund zunächst von Vater und Mutter unterrichtet worden, so erhielt er jetzt einen Hauslehrer. Als sein Vater das Schulgeld aufbringen konnte, schickte er ihn auf eine private Volksschule. Mit neun Jahren kam er nach bestandener Aufnahmeprüfung in das Leopoldstädter Real- und Obergymnasium. In den acht Schuljahren, die er hier absolvieren musste, war Sigismund allein in sechs Schuljahren Klassenprimus. Aufgrund guter Leistungen wurde ihm das Schulgeld erlassen. Mit 17 Jahren bestand er seine Matura (Abitur) mit Auszeichnung.

Damit hatte er eine streng klassisch ausgerichtete Schulbildung abgeschlossen. Durch die lateinische und griechische Sprache erhielt er einen Blick für die Welt des Altertums. Gleichzeitig wurde dadurch sein Interesse für Archäologie geweckt. Neben den alten Sprachen lernte er die französische, englische, spanische und italienische Sprache. Mit 11 Jahren hatte er als Preis für gute Leistungen eine «Geschichte des Tierlebens» erhalten, wovon sein späteres Interesse für die Zoologie herrührt.

Sigmund war ein ernster, fleissiger und stets auf Erfolg bedachter Schüler. Dies fand Niederschlag in seinen Freizeitbeschäftigungen. Er war ein ausgesprochener Bücherwurm: Mit 14 Jahren las er schon die gesammelten Werke von Ludwig Börne. Doch neben dem Lesen war er auch für militärische Spiele zu begeistern. Mit seinen Spielkameraden übte er sich gerne in Soldatenspielen, in denen regelmässig Napoleon, Massena und Alexander der Grosse erschienen. Auch im Spiel zeigte sich bei Freud eine Liebe für das Grosse, Herausragende.

In seinem Elternhaus eroberte sich Sigmund schnell einen besonderen Platz. Durch seine guten Schulleistungen hatte er bei seinen Eltern viel «Kredit» für Sonderwünsche. Auf die Schwestern blickte er besserwisserisch herab und nutzte jede Gelegenheit, seine Position als Mutters Liebling auszuschlachten. Er hatte sein eigenes Zimmer, sein «Kabinett», und eine Petroleumlampe, während seine Geschwister auf beides lange Zeit verzichten mussten.

Nach dem Schulabschluss (er bestand glänzend sein Abitur) stand es Sigmund frei, zu studieren, was er wollte. Stark beeindruckt durch die Gedanken der Entwicklungsgeschichte des Lebens von Charles Darwin, und nach einem Vortrag über Goethes Aufsatz «Natur» in seiner Absicht bestärkt, schrieb er sich im Herbst 1873 an der Wiener Universität für den Studiengang Medizin ein.

2. Studienzeit und Praxiseröffnung (1873–1891)

Angetrieben von einem starken Wissensdrang, studierte Freud an der Universität nicht nur die für seinen Studiengang notwendigen Fächer. Neben der intensiven Beschäftigung mit der Biologie, die er zunächst bei Professor Claus kennen lernte, galt sein Interesse der Philosophie. Wie schon in der Schule, so auch jetzt an der Universität: Sigmund war in all seinen Studien voll engagiert.

1875/1876 erhielt er Stipendien, um an der Triester Aussenstelle des Institutes von Professor Claus die Fortpflanzungstätigkeit der Aale zu studieren. Aus diesen Studien wird er später Anknüpfungspunkte für die Abfassung seiner Sexualtheorie herstellen.

In der Philosophie war Franz Brentano sein Lehrmeister. Von der Antike an wurde Sigmund mit den Entwicklungen der Philosophie vertraut gemacht. Vor allem sprach ihn das Hauptwerk Brentanos («Psychologie vom empirischen Standpunkt») an. In diesem waren es besonders Brentanos Überlegungen zum Unbewussten, die Sigmund berührten. Wenn Brentano auch die Existenz des Unbewussten leugnete, so konnte er deren Idee doch bis zu Thomas von Aquin zurückverfolgen. Zu Freuds Studienzeit war das Unbewusste geradezu ein Modethema, ausgelöst durch ein mehrbändiges Werk von Eduard Hartmann, der 1869 in mehreren Bänden die «Philosophie des Unbewussten» veröffentlichte.

Neben diesen Studien in Zoologie und Philosophie wurde Sigmund von der materialistischen Auffassung der Physiologie (Wissenschaft von den Grundlagen der allgemeinen Lebensvorgänge im Körper des Menschen) in den Bann gezogen. Sein Interesse an dieser Denk- und Verständnisweise kam zur vollen Entfaltung, als er 1877 in das Brückesche Institut kam. Hier wurde eine naturwissenschaftliche Medizin unter Zuhilfenahme mechanistischer Erklärungsprinzipien betrieben. Brücke und seine Mitarbeiter gingen davon aus, dass alle beobachtbaren Phänomene auf physikalisch-chemische Prozesse zurückzuführen seien. Während histologischer Untersuchungen am Mikroskop konnte Freud die Welt um sich herum vergessen, weil er sich in seiner Welt der Beobachtungen und der genauen Aufzeichnungen und Theorienbildungen befand. Die

Arbeit bei Brücke füllte ihn voll aus – hier lebte er in einer Atmosphäre, die er liebte, nach der er sich gesehnt hatte. Neben Professor Brücke schloss Sigmund am Institut Freundschaft mit den Assistenten Ernst von Fleischel-Marow und Sigfried Exner. Diese drei wurden ihm zu jener Zeit seines Lebens zu Vorbildern: Ihre Theorien wandte er auf das Studium des Nervensystems und später auf das der Seele an.

Die Helmholtzsche Schule der Medizin war einem materialistisch-physiologischen Weltbild ergeben. Nur physikalisch-chemische Kräfte wurden akzeptiert. Nach ihnen hatte man zu suchen, wollte man wahre Aussagen über das Leben des Menschen machen. Freud schloss sich dieser Schulmeinung treu an. Freuds erste Arbeit bei Brücke befasste sich mit den grossen Nervenzellen. Ganz im darwinistischen Gedankenkonzept brachte er diese zu Ende. Er gelangte zu dem Ergebnis, dass sich das Nervensystem der niederen Tiere allmählich und ohne wahrnehmbare Grenzlinien zu dem der höheren Tiere entwickelt habe. Im Anschluss an diese Untersuchung begann er, die Nervenzellen der Flusskrebse zu untersuchen. Hierbei wurde er jedoch durch die Verpflichtung unterbrochen, seinen Wehrdienst zu absolvieren; als Medizinstudent hatte er diesen im Spital zu leisten.

Nach der Militärzeit entschloss sich Freud zu einer Dissertation und promovierte im Frühjahr 1881 mit Auszeichnung zum Doktor der Medizin. Im Mai desselben Jahres ging er ans Brückesche Institut zurück, wo er zum Demonstrator befördert wurde. Doch aus finanziellen Gründen konnte er hier nicht bleiben. Etwa um diese Zeit verliebte sich Freud in Martha Bernays. Von Freuds Beziehungen zu Frauen vor Martha gibt es kaum Informationen. Obwohl er das Sprechen über Sexualität forcierte, sparte er mit Informationen seiner selbst zu diesem Thema. Seine Liebe zu ihr war so stürmisch, dass er sich schon zwei Monate nach dem ersten Kennenlernen (17. Juni 1882) mit ihr verlobte. Damit begann für die beiden eine vierjährige Verlobungszeit. Freud verliess das Institut und trat in das Allgemeine Krankenhaus in Wien als Sekundärarzt ein. Die Zustände, die ihm hier begegneten, waren haarsträubend. Überall konnte nur mässige Gasbeleuchtung eingesetzt werden. Patienten lagen in den Wintermonaten zum grossen Teil im Dunkeln, und nicht wenige Operationen mussten bei Kerzenlicht durchgeführt werden. Trotz dieser und anderer Widerwärtigkeiten waren eine Hand voll Ärzte fleissig bemüht, den Ruf der Wiener Medizin aufzubauen.

Freud war zu dieser Zeit, wie auch in den späteren Lebensjahren, innerlich hin- und hergerissen. Zum einen lag ihm wenig daran, ein guter Arzt zu werden. Vor dem Arzt-Patienten-Verhältnis scheute er sich. Zum andern war ihm noch nicht deutlich, ob er sich als Allgemeinmediziner oder als Facharzt ausbilden lassen sollte.

Nur eins war ihm wichtig und klar: «Der Mensch muss von sich reden machen!» Freud wollte beachtlichen Erfolg, das stand für ihn im Mittelpunkt, nicht nur Geld. Mit seinem Freund Josef Breuer, den er im Institut von Brücke kennen gelernt hatte, konnte er über seine Probleme sprechen. Als erfahrener und schon länger praktizierender Arzt war dieser für Freud der rechte Gesprächspartner in Angelegenheiten seiner weiteren Laufbahn.

Breuer riet ihm, sich nicht festzulegen, sondern dem nachzugehen, was ihn am meisten interessierte. Gleichzeitig stellte er ihm aber vor Augen, dass er sich als gewöhnlicher, praktizierender Arzt seinen Lebensunterhalt verdienen müsse. Wissenschaftlicher Ehrgeiz und der Wunsch, so bald wie möglich Martha heiraten zu können, stritten miteinander in Freuds Innerem. Nach seinen Beratungen mit Breuer bewarb er sich im Allgemeinen Krankenhaus für die Abteilung der Nervenkrankheiten. Eine neue und sein Leben auf eine besondere Spur bringende Ära begann. Neben seinen Arbeiten als Krankenhausarzt liess er nicht nach, an seiner weiteren wissenschaftlichen Qualifikation zu arbeiten.

Nach viel Mühe und schlaflosen Nächten konnte Freud sich 1885 habilitieren. Allmählich entdeckte er durch seine Arbeit auf der Abteilung der Nervenkranken sein Spezialgebiet. Hatte er sich schon seit seiner Studienzeit mit dem Nervensystem der Tiere und Menschen rein histologisch beschäftigt, so konnte er nun die Auswirkungen kranker Nerven auf den Körper des Menschen studieren.

Doch die Krankenbilder der Nervenkrankheiten wurden zu jener Zeit in Wien nicht besonders diagnostiziert, geschweige denn genau erforscht. So dachte Freud daran, nach Paris zu gehen, um sich bei Professor Charcot die nötigen Kenntnisse für die Einordnung und Behandlung Nervenkranker anzueignen. Das blieben aber noch Luftschlösser. Sein Gehalt kam einem Hungerlohn gleich, das Geld fehlte ihm an allen Ecken und Enden. Bei seinen Freunden stand er in der Kreide, wie sollte er da einen viermonatigen Parisaufenthalt finanzieren? Von seinem Vater konnte er in dieser Hinsicht auch nicht mit einer Unterstützung rechnen, da es diesem finanziell so schlecht ging, dass Sigmund ihm und seiner Mutter hin und wieder etwas von seinem kargen Lohn zusteckte.

Unter dem massiven Druck der knappen Kasse war Freud alles recht, was er aus seinem Umkreis aufnehmen konnte, um zu Geld und Ruhm zu kommen. Durch den Bericht eines Arztes, der mit der Droge Kokain erschöpften Soldaten wieder auf die Beine geholfen hatte, wurde Freud angeregt, selbst mit Kokain zu experimentieren. So besorgte er sich diese Droge und dachte daran, sie eventuell bei Herzkranken, nervösen Schwächezuständen oder bei morphinabhängigen Patienten einzusetzen und erproben zu können. Zunächst testete er die Wirkungen des Kokains am eigenen Leibe. Nach der Einnahme verspürte er ein Gefühl der Aufheiterung und Leichtigkeit. Er gab seinem morphinabhängigen Freund Fleischel-Marow ebenfalls diese Droge. Dieser starb an ihr nach längerer Einnahme. Freud selbst nahm über ein Jahr lang immer dann Kokain, wenn er sich niedergeschlagen und deprimiert fühlte. Die Droge verhalf ihm in solchen Stimmungen immer wieder, «auf die Höhe» zu kommen. Schliesslich veröffentlichte er eine Studie: «Über Coca». Leider aber blieb die von ihm erhoffte Wirkung seiner Kokainuntersuchungen aus; denn neben der positiven Anwendung der Droge zur lokalen Betäubung bei Augenoperationen – dies fand ein Kollege von Freud heraus – wirkte sich Kokain nur negativ bei denen aus, die durch die Droge eigentlich geheilt werden sollten. Eine zunehmende Süchtigkeit kam ans Licht, weshalb mehr Ärzte vor der Droge warnten, als dass sie diese einsetzten.

Nach diesem für Freud niederschmetternden Ergebnis kam im Oktober desselben Jahres ein Lichtblick: Man hatte ihm über die Universität ein Reisestipendium zuerkannt, das ihm nun den ersehnten Aufenthalt in Paris ermöglichte.

Am 20. Oktober 1885 ging Freud durch das Tor der Salpêtrière. Vier Monate lang konnte er hier Geistes- und Nervenkrankheiten studieren. Die Salpêtrière, ein ursprüngliches Arsenal zur Lagerung von Salpeter, wurde unter Ludwig XIII. erbaut. Später war sie ein Asyl für Bettler, Prostituierte und Geisteskranke, bis sie zum grossen Pariser Armenhaus für Frauen wurde. In der zweiten Hälfte des 19. Jahrhunderts hausten hier 4000 bis 5000 Menschen unter menschenunwürdigen Bedingungen. Erst unter der chefärztlichen Leitung von Charcot änderte sich dies. Die Salpêtrière wurde ein Hospiz und gleichzeitig eine der berühmtesten neurologischen Forschungsstätten Europas. Charcots Umgang mit seinen Patienten, seine Vorlesungen, ja seine ganze Persönlichkeit beeindruckten Freud sehr.

Charcot lenkte Freuds Aufmerksamkeit von der Physiologie, der er bis zu diesem Zeitpunkt verpflichtet war, auf das Seelische. Entgegen dem Vorurteil der damaligen Ärzteschaft, die in einem Nervenkranken nur einen Simulanten sah, lernte Freud von Charcot den tieferen Charakter der Neurosen erkennen.

Von Paris über Wandsbek, wo Freud seine Verlobte besuchte, kam er nach Wien zurück. Am Ostersonntag 1886 eröffnete er in der Rathhausstrasse 7 seine eigene Praxis. Im September desselben Jahres heiratete er Martha.

Noch ganz unter den Eindrücken seines Parisaufenthaltes hielt Freud einen Vortrag vor der Wiener Ärztegesellschaft über die Bedeutung der Hysterie. Von den Zuhörern wurden seine Äusserungen mit gemischten Gefühlen aufgenommen. Auch bei einem weiteren Vortrag über Hypnotismus vor dem Physiologischen Club traf Freud erneut auf Ablehnung und Zurückhaltung. Dies hatte mehrere Gründe. Zum einen erinnerte man sich an Freuds Fehleinschätzung im Umgang mit Kokain. Zum anderen lehnte man seine Einbeziehung der Hypnose in die Heilbehandlung Nervenkranker ab. Diese Ablehnung bestand auch bei seinen kommenden grösseren Veröffentlichungen, wie der Traumdeutung und seinen Gedanken zur Sexualität. Freud liess sich aber in seinem Weg nicht beirren.

In seiner Praxis wandte er zur Behandlung der Nervenkrankheiten anfangs die Elektrotherapie und die Hypnose an. Wenn er auch später von diesen Methoden wieder Abstand nahm, so dienten sie ihm doch zunächst dazu, bei seinen Patienten einen möglichen Heilerfolg erzielen zu können.

Freuds Lebensweg war bis hierher durch Armut und Misserfolg gezeichnet. Wollte er doch von sich reden machen, was ihm bis jetzt aber versagt geblieben war. Sollte sich dieses mit dem Aufbau der Psychoanalyse, als einer neuen Art und Weise, die Seele des Menschen zu verstehen, ändern können?

3. Anfänge der Psychoanalyse: Josef Breuer, Wilhelm Fliess (1891–1902)

Durch die intensive Freundschaft mit dem um 14 Jahre älteren Wiener Familienarzt Josef Breuer erfuhr Freud von Anna O. (Bertha Pappenheim), einer aussergewöhnlichen Patientin seines Freundes. Wie er später hervorhob, ist durch sie – und damit durch Breuers Behandlung ihrer Hysterie – der Anfang der Psychoanalyse gesetzt worden.

Die grobe Lebensgeschichte der Anna O. schreibt sich schnell: Sie war die Tochter eines reichen jüdischen Kaufmanns in Wien. In ihren frühen zwanziger Jahren entwickelten sich in ihr eine Vielfalt von neurotischen Symptomen, die Dr. Breuer behandelte. Danach war sie in der Sozialarbeit unter Juden beschäftigt, reiste weit in Europa umher und starb 1936 im Alter von 77 Jahren. 1954 erschien sie sogar auf einer Briefmarke der Deutschen Bundespost. Doch was steckte wirklich hinter ihren Symptomen, wie nahmen diese sich aus? Die erste Frage sollte theoretisch die Denkrichtung von Freud vorgeben, die zweite wurde ihm in einem längeren Gespräch mit Dr. Breuer über den Fall Anna O. geschildert.

«Die Geschichte war bemerkenswert. Als sie ihren Vater während seiner tödlichen Krankheit pflegte, hatte Bertha Pappenheim 1880 unter anderem eine Lähmung in drei Extremitäten, ein Schielen nach innen, schwere Sehstörungen, eine Unfähigkeit zu essen und einen hartnäckigen Husten entwickelt. Sie gab auch Anzeichen einer doppelten Persönlichkeit zu erkennen, die eine war normal, die andere die eines ungezogenen Kindes.»[1]

Nach dem Bericht Breuers stand Anna O. in extremsten Stimmungswechseln. Neben Heiterkeit herrschten schwere Angstgefühle. Sie wehrte sich gegen alle therapeutischen Massnahmen. Hinzu kamen schwere Halluzinationen in Form von schwarzen Schlangen, in denen ihr Haare und Schnüre erschienen. In klaren Momenten sprach sie Breuer gegenüber von einer tiefen Finsternis im Kopf, von zwei «Ichs» in ihr, einem ihr identischen und einem schlechten. Als ihr Vater starb, verschlimmerten sich ihre Symptome. Folgendermassen nahm die «Krankheit» ihren Lauf:

1. Zunehmende Schwierigkeiten mit ihrer Mutter und ihrem Bruder stellten sich ein.

2. Bertha verliess Wien gegen ihren Willen, kam aber bald darauf nach Wien zurück, wo sich folgender Zwischenfall ereignete:
Es war Hochsommer und sehr heiss, aber aus einem zunächst unerklärlichen Grunde war Bertha ausserstande zu trinken. «Sie nahm das ersehnte Glas Wasser in die Hand, aber sowie es die Lippen berührte, stiess sie es weg wie ein Hydrophobischer. Dabei war sie offenbar für diese paar Sekunden in einer Absence. Sie lebte nur von Obst, Melonen und dergleichen, um den qualvollen Durst zu mildern. Als das etwa sechs Wochen gedauert hatte, räsonierte sie einmal in Hypnose über ihre englische Gesellschafterin, die sie nicht liebte, und erzählte dann mit allen Anzeichen des Abscheus, wie sie auf deren Zimmer gekommen sei und da deren kleiner Hund, das ekelhafte Tier, aus einem Glase getrunken habe. Sie habe nichts gesagt, denn sie wolle höflich sein. Nachdem sie ihrem steckengebliebenen Ärger noch energisch Ausdruck gegeben, verlangte sie zu trinken, trank ohne

Hemmungen eine grosse Menge Wasser und erwachte aus der Hypnose mit dem Glas an den Lippen. Die Störung war damit für immer verschwunden.»[2]

Aus der Erfahrung, dass hysterische Phänomene bei Bertha verschwanden, sobald diese in Hypnose als Erlebnis reproduziert wurden, entwickelte Breuer eine therapeutisch-technische Prozedur. Zu jener Zeit ging man in der Medizin noch davon aus, dass viele Krankheiten durch eine Vergiftung des Blutes, durch Abfallstoffe in den Eingeweiden verursacht wurden. Entsprechend bestand die gängige Behandlung häufig in einer Purgierung (körperlichen Reinigung) oder Katharsis (kultischen Reinigung). Nach Breuers Meinung war die Heilung von Anna O. zustande gekommen, weil man ihren Geist von störenden Erinnerungen gereinigt (purgiert) hatte. So nannte er diesen Prozess eine Katharsis.

3. Durch die vielen Hypnosegespräche mit Anna O. war Breuer dermassen mit seiner Patientin beschäftigt, dass er auch gegenüber seiner Frau von nichts anderem mehr sprach als von Anna O. Dies erzeugte bei dieser eine starke Eifersucht, sodass sich Breuer gezwungen sah, die Behandlung abzubrechen, als es Anna O. augenscheinlich besser ging.

Als er ihr dies mitteilte, nahm sie es zunächst ruhig auf. Doch noch am selben Tag musste Breuer wieder zu ihr gerufen werden. Sie war sehr aufgeregt und durcheinander. Breuer stabilisierte sie durch Hypnose und suchte anschliessend das Weite.

Tags darauf fuhr Breuer mit seiner Frau zu einer zweiten Hochzeitsreise nach Venedig. Doch Anna O. ging es nicht so gut, wie Breuer annahm. Es kam zu Rückfällen, sodass man sie in eine Anstalt in Gross-Enzensdorf bringen musste. Sie schien ganz zerrüttet und morphiumabhängig zu sein. Soweit die Berichte von Breuer. Heute ist entgegen dieser Schilderung sicher, dass Anna O. innerhalb eines Monats nach ihrer letzten Behandlung durch Breuer als Patientin im Bellevue-Sanatorium in Kreuzberg am Bodensee war und dort als schwere Morphinistin angesehen und behandelt wurde.

4. Nach Verlassen von Bellevue war Anna O. immer noch nicht ganz frei von Morphin. Berücksichtigt man ihre spätere Sozialarbeit, so muss sich ihre Situation gebessert haben. Ob sie jemals eine gewisse Heilung erfuhr, bleibt bis heute im Dunkeln. Fest steht, dass Anna O. durch Hypnosegespräche nicht geheilt wurde, sondern immer mehr in Verstimmung und in Abhängigkeit von Breuer geriet.

Für Freud war die Geschichte der Anna O. ein erster Hinweis auf die Existenz des Unbewussten. Wie kam er dazu? Aus den Berichten Breuers und den Gesprächen mit ihm ergab sich für Freud folgende Erklärung:

a) Körperliche Symptome der Hysterie hängen direkt mit unangenehmen Erlebnissen der Vergangenheit zusammen.

b) Kommt es zu keiner Reaktion auf diese Unannehmlichkeiten, wie bei den Hysterischen, so wird jede Erinnerung an dieses Erlebnis aus dem Bewusstsein in das Unbewusste abgeschoben. Dort arbeitet es weiter, bis es schliesslich als ein körperliches Symptom der Hysterie an die Oberfläche tritt.

Freud kam noch immer nicht aus seinen finanziellen Nöten heraus. Mit ein Grund hierfür war nun seine ständig wachsende Familie. Nach seinem ersten Kind Mathilde (1887) wurden ihm 1889 Jean-Martin, 1891 Oliver, 1892 Ernst, 1893 Sophie und 1985 Anna geboren. Bei der wachsenden Familie ist es nur verständlich, dass Freud eine grössere Wohnung suchen musste. 1891 zog er mit seiner Familie in die Berggasse 19, wo er bis zu seiner Flucht vor den Nazis (1938) wohnte.

Zusammen mit Breuer erforschte Freud «das Unbewusste». Doch nahmen im Laufe der Jahre die Meinungsverschiedenheiten zwischen den beiden zu. Als Freud immer mehr zu der Überzeugung gelangte, dass hysterische Erkrankungen auf einen sexuellen Ursprung zurückzuführen seien, trennten sich ihre Wege.

1887 begann für Freud die Freundschaft mit dem Berliner Hals-Nasen-Ohren-Arzt Wilhelm Fliess. Diese gründete sich u. a. darauf, dass beide die Auffassung vom sexuellen Ursprung bestimmter körperlicher und seelischer Erkrankungen teilten. Fliess vertrat eine recht mystische Theorie. «Er behauptete, dass es eine Parallele zwischen den Erkrankungen der Nasenmuschel und des weiblichen Genitals gäbe, stellte Zahlenspekulationen über den weiblichen und einen mutmasslichen männlichen Zyklus an und vertrat die Auffassung der Bisexualität des Menschen.»[3] Freuds reger Briefwechsel mit Fliess zeigt anschaulich die Entwicklung der Psychoanalyse (1887–1902). Immer wieder neu versuchte Freud in der Zeit vor dem Ersten Weltkrieg, dem Rätsel der Psychoneurosen, Hysterien, Zwangsneurosen und dem Wahnsinn auf die Spur zu kommen. Aus der Psychopathologie wollte er Ergebnisse für die Psychologie des Normalen gewinnen.

1894 kam Freud in eine Gesundheitskrise. In einem Brief vom 19.4.1894 schrieb er an Fliess: «… da kam plötzlich ein grosses Herzelend, grösser als beim Rauchen. Tollste Arrhythmie, beständige Herzspannung – Pressung – Brennung, heisses Laufen in den linken Arm, etwas Dyspnoe von verdächtig organischer Mässigung, das alles eigentlich in Anfällen, d.h., über zwei zu drei des Tages in continuo erstreckt und dabei ein Druck auf die Stimmung, der sich in Ersatz der gangbaren Beschäftigungsdelieren durch Toten- und Abschiedsmalereien äusserte. Die Organbeschwerden sind seit zwei Tagen gemildert, die hypomanische Stimmung besteht fest, ist nur so freundlich (wie gestern Abend und heute Mittag), plötzlich zu weichen und einen Menschen zurückzulassen, der sich wieder langes Leben und verminderte Rauchlust zutraut.» Fliess sah die Ursache für Freuds Beschwerden in seinem übermässigen Rauchen und versuchte, ihn hiervon abzubringen. Dr. Schnur, der Arzt seiner späteren Lebensjahre, musste sich bei Freuds unbändiger Abhängigkeit vom Nikotin fragen, ob er jemals ohne die pharmakologische Wirkung des Nikotins zu seinen Leistungen imstande gewesen wäre.

1896 wurde Freud ganz entscheidend vom Tod seines Vaters getroffen. Er fühlte sich dadurch entwurzelt. Veranlasst durch dieses Erlebnis, begann er mit seiner Selbstanalyse. Er ging bei dieser Arbeit von der Theorie aus, dass Träume einen verborgenen Sinn hätten und analysierbar seien. Neben dem Fortschreiten in seinen theoretischen Arbeiten geriet er gleichzeitig immer mehr in die Isolation. Seine Erklärung der Neurosen aus sexuellem Ursprung wurde als anstössig empfunden und als indiskutabel abgetan. Lange Zeit verhinderte dies auch seine Ernennung zum Professor. Als er diese 1902 erhielt, löste sich seine Isolation allmählich auf. Bald schon fanden sich Ärzte und Nichtärzte bei ihm ein, sodass im Oktober 1902 die «Psychologische Mittwochs-Vereinigung» in der Berggasse 19 eingerichtet wurde. Von nun an wurde die Psychoanalyse auf breiter Basis diskutiert und verbreitet.

4. Kampf in den eigenen Reihen: Alfred Adler, Carl Gustav Jung (1902–1932)

Am Anfang kamen mittwochs Alfred Adler, Rudolf Reitler, Max Kohane und Wilhelm Stekel in die Berggasse 19, um mit Professor Freud zu diskutieren. Durch Stekel, der als Feuilletonist für das Neue Wiener Tageblatt arbeitete, wurde jede Woche von diesen Diskussionen berichtet.

Da so die Psychoanalyse einer breiten Öffentlichkeit zugänglich wurde, kamen auch immer mehr Interessenten. Zwei Jahre lang konnte man noch zu den Sitzungen in der Berggasse 19 zusammenkommen. Dann wurde Freuds Wartezimmer zu klein, sodass man sich ab 1904 im Doktorandenkollegium der Universität traf.

1908 nahm diese Gesellschaft den Namen «Wiener Psychoanalytische Vereinigung» an. Im Mittelpunkt der Sitzungen standen Freuds Triebtheorie und seine Auffassung von Sexualität.

Wie sehr Freud nach dem Aufbruch der Isolation Begeisterung und Führungsanspruch bei seinen Anhängern auslösen konnte, ist auf beeindruckende Weise bei Stekel zu sehen. Er sagte rückblickend: «Ich war der Apostel Freuds, der mein Christus war.»[4] Dies stimmt nachdenklich. Sollte Freud in dieser Weise richtungsweisend zu einem neuen Leben werden? In seinem Kreis war er der Führer. Freud war überzeugt, die Wahrheit über die Seele zu kennen. Damit blieb dies kein Kreis, der nach der Wahrheit der Lehre vom Unbewussten forschte, sondern einer, der sich – wenn auch unter verschiedenen Aspekten – ständig nur selbst bestätigte. Es fehlte das kritische, fragende und wirklichkeitssuchende Element. Tauchte dies auf, wurde es unterdrückt oder, wie sich an Adler und Jung zeigen lässt, ausgelöscht. Freud wähnte sich selbst alle Zeit in der Wahrheit. «Wir sind im Besitz der Wahrheit», schrieb er 1913 mit aller Entschiedenheit an Ferenczi. Dementsprechend liess er auch keinen Widerspruch zu. Sprachen seine Gegner daraufhin von Freuds Intoleranz, so legten seine Getreuen gerade diese Sturheit als leidenschaftliche Wahrheitsliebe aus.

Eine weitere Verbreitung der Psychoanalyse setzte ein, als sich an Orten ausserhalb Wiens ebenfalls Interessenten für diese Richtung der «Psychologie» fanden. Aus dem Wunsch heraus, sich regelmässiger zu treffen, organisierte C. G. Jung 1908 die erste Tagung «Zusammenkunft für Freudsche Psychologie» in Salzburg.

Zwischen C. G. Jung und Freud entwickelte sich in den nun folgenden Jahren eine nähere Beziehung. Freud sah in C. G. Jung seinen Nachfolger. Durch den von Jung entwickelten Assoziationstest glaubte Freud seine Theorie vom Unbewussten bestätigt. Er betraute Jung mit der Redaktion des «Jahrbuches der Psychoanalyse». Zusammen mit ihm und Ferenczi machte Freud 1909 eine Reise nach Amerika. Stanley Hall, der Präsident der Clark-University in Worcester (Massachusetts), hatte Freud anlässlich der Jubiläumsfeier zum zwanzigjährigen Bestehen der Universität zu einer Vortragsreise eingeladen. So schifften sich die drei in Bremen ein. Freuds Vorlesungen in Worcester, die eine allgemeine Darstellung der Psychoanalyse enthielten (Fünf Vorlesungen über Psychoanalyse, G. W. VIII, S. 1–60), wurden zu einem Erfolg. Die Psychoanalyse konnte in Amerika Fuss fassen. Immer mehr reifte in Freud der Entschluss, Jung die Sache der Psychoanalyse einmal ganz anzuvertrauen. Auf dem zweiten Internationalen Psychoanalytischen Kongress 1910 in Nürnberg, schlug Freud Jung zum Präsidenten vor. Doch einige Wiener um Stekel und Adler waren damit nicht einverstanden. Flügelkämpfe in den eigenen Reihen bahnten sich an und führten in der Zeit von 1911–1914 zu Austritten. Warum all dies?

Geben wir einige Beispiele, die zeigen, auf welche Art und Weise Freud seine Wahrheit gegen ehemalige Freunde und «Mitgenossen» vertrat. Freud äusserte sich einmal allgemein zu den ersten Auseinandersetzungen: «Persönliche Differenzen – Eifersucht oder Rache oder eine andere Art von Animosität – kamen immer an erster Stelle. Wissenschaftliche Entdeckungen kamen erst danach.»[5]

Adler zum Beispiel, um mit diesem und seiner Auseinandersetzung mit Freud zu beginnen, sah in dem Streben nach Macht eher eine Haupttriebkraft für das Leben als in der Sexualität wie Freud. Glaubte Freud, dass Neurosen durch eine Fehlanpassung an die sexuelle Entwicklung des Menschen entstünden, so stellte Adler dem seine Vorstellung von der Kompensation minderwertiger seelischer oder körperlicher Eigenschaften entgegen.

Den Annahmen beider lagen subjektive Erfahrungen zugrunde. Adler war als Kind durch Rachitis verkrüppelt und konnte bis zum Alter von vier Jahren nicht gehen. Ferner war er von einer schweren Lungenentzündung getroffen und erfuhr aufgrund seiner körperlichen Schwächen mehrere Unfälle. Doch zunächst sollte Adler eine Chance erhalten. Anfang 1911 konnte er der Wiener Vereinigung seine Ideen vortragen. Er tat dies mit grossem Engagement, hoffte er doch, seinen Lehrer überzeugen zu können. Ohne jede Toleranz für den Andersdenkenden, ergriffen von Wildheit, unter dem Wahn eigener Gerechtigkeit der eigenen Sache gegenüber, wurde Adler aus der Vereinigung ausgeschlossen.

Noch ärger widerfuhr es C. G. Jung. Wir geben hier den abschliessenden Kommentar Freuds wieder, ohne den ganzen Hergang, der zum Bruch mit Jung führte, zu erwähnen.[6] Am 22. Juli 1914 beschloss die Züricher Ortsgruppe der Psychoanalytischen Bewegung, aus der Internationalen Vereinigung mit fünfzehn gegen eine Stimme auszutreten. Einer der Gründe war für die Züricher die Gefährdung der unabhängigen Forschung. Freud reagierte hierauf begeistert. Er schrieb an Abraham: «So sind wir sie denn endlich los, den brutalen heiligen Jung und seine Nachbeter! (...) Mein ganzes Leben über bin ich auf der Suche nach Freunden, die mich nicht ausbeuten und dann verraten …»[7] Dass Freud selbst verriet, ausbeutete und immer nur auf sich und seinen Vorteil bedacht war, muss kritisch kommentierend hinzugefügt werden.

In der eingangs erwähnten Studie zu Freuds psychosozialen Lebensbezügen zeigt Jürg Kollbrunner u. a. detailliert auf, dass Freud zeit seines Lebens ein Isolierter blieb. Er trat wenig in den Dialog mit den Menschen, gerade auch mit solchen, zu den ihn eine enge Beziehung eigentlich hätte treiben müssen. Mit seinem Vater stand er in einem inneren Kampf, dessen Tod beschäftigte ihn nachhaltig. Zu seiner Mutter hatte er eine unüberbrückbare Nähe und seinen Geschwistern gegenüber zeitlebens ein starkes Pflichtgefühl. Wenn immer es notwendig war, liess er ihnen Geld zukommen. Und zu den Freunden und Freundinnen hatte er eine ganz eigentümliche Beziehung. Die zu den Frauen hielt länger als jene zu den Männern. Kollbrunner machte sich in seiner Arbeit die Mühe, hierzu eine Übersicht zu erstellen, die er unter dem Titel «Die wichtigsten persönlichen Beziehungen Freuds ausserhalb der Familie» (vgl. ebd., S. 218 f.) veröffentlichte. Interessant hierbei ist der Trennungsgrund: Lebenswege trennen sich natürlich, etwa durch Umzug oder Tod, aber auch weil Freud wütend oder aus Kränkungsgefühlen heraus die Beziehung beendete. Wie konnte man ihm helfen, wie von ihm Hilfe erwarten, wenn er selbst zutiefst ängstlich, isoliert und hierdurch kompensatorisch herrschsüchtig, eigensinnig und machtorientiert war?

Um nicht weiter zu zersplittern, bildete man, angeregt durch Jones, ein «Komitee», dem nur der harte Kern der Freud-Jünger angehörte. In diesem trat man für die «reine Lehre» ein und achtete genau darauf, dass sie nicht verletzt wurde. Sándor Ferenczi, Otto Rank, Karl Abraham, Hans Sachs, Ernest Jones und Max Eitingen gehörten neben Freud zu diesem Kreis. Zehn Jahre lang blieb dieses Komitee zusammen und betrieb die Dogmatisierung der Psychoanalyse. Spätestens jetzt entlarvte sich die Freudsche Seelenkunde als wahrheitsfeindlich und arrogant. Entpuppte sie sich doch als blind für seelische Phänomene. Waren sie nicht allesamt blinde Blindenführer, fanatische Wahrheitsprediger ihrer eigenen, mit Mühe zusammengehaltenen Theorie? Mussten sie nicht selbst viel Glauben aufbringen, um an der Wahrheit ihrer gefertigten Theorie festhalten zu können? Wir werden diese Fragen im zweiten Teil des Buches behandeln. Nach dem Ersten Weltkrieg fand der Fünfte Internationale Kongress für Psychoanalyse in Budapest statt. In den folgenden Jahren entwarf Freud in grosser Gedankenflut seine Theorie vom Lebens- und Todestrieb.[8]

Je älter Freud wurde, desto grösser wurden seine Spekulationen und Ängste. Letztere verarbeitete er in seiner Definition des «Es» innerhalb seines psychischen Apparates. So versuchte er etwa in der Schrift «Jenseits des Lustprinzips» die Begriffe der Evolution mit der Psychoanalyse zu verbinden. In seinen letzten Jahren widmete er sich der Anwendung der Psychoanalyse auf Kultur und Gesellschaft.

5. Leben mit dem Krebs, Tod (1923–1939)

Spät am Abend im April 1923 besuchte Freud seinen Arzt Felix Deutsch. Er bat ihn, sich etwas Unangenehmes in seinem Munde anzusehen. Deutsch stellte ein offensichtlich fortgeschrittenes Karzinom (Krebsgeschwür) fest. Freud war wohl schon selbst dahinter gekommen. Er wünschte sich, bei einer Bestätigung des von ihm erahnten Befundes, mit Anstand aus der Welt zu scheiden.

Schon bald nach dieser Konsultation kam es zur ersten Krebsoperation am Gaumen. Doch diese erste Operation geschah übereilt und war schlecht vorbereitet. Ihr folgten für Freud 16 Jahre ständiger Beschwerden und Schmerzen und insgesamt 33 Operationen. Hinzu kamen in diesen Jahren eine ganze Reihe von Versuchen, eine neue Prothese für Freud zu konstruieren, da er bei einer seiner Operationen den grössten Teil seines Oberkiefers, einen Teil des Unterkiefers, des Gaumens und der Wangen- und Zungenschleimhaut einbüssen musste. So gingen Mund- und Nasenhöhle ineinander über. «Der die Mundhöhle einschliessende Gaumenteil und die entfernten Kieferpartien wurden durch eine Metallprothese ersetzt, die, solange Freud lebte, immer wieder herausgenommen und wieder hineingesetzt werden musste, gewöhnlich unter starken Schmerzen und oft mit Hilfe des Chirurgen.»⁹ Damit war seine Zukunft von Schmerzen und Gebrechen gezeichnet. Trotz alledem hörte Freud aber nicht zu rauchen auf, auch wenn ihm dies durch seine Prothese nur noch mehr Schmerzen bereitete.

Derweil sich Freud in Wien mit seinen Schmerzen tapfer plagte und an seinen Schriften zur Kultur arbeitete, überschlugen sich die politischen Ereignisse in Deutschland. Die sich anbahnende Macht Adolf Hitlers warf ihre Schatten voraus. Am 11. Mai 1933 kam es in Berlin zur grossen Bücherverbrennung von jüdischen und antinationalistischen Autoren. Auch Freuds Schriften waren darunter. Bevor man diese dem Feuer übergab, verkündete man: «Gegen die seelenzerstörende Überschätzung des Sexuallebens – und für den Adel der menschlichen Seele – übergebe ich den Flammen die Schriften eines gewissen Sigmund Freud.»¹⁰

Trotz der Ereignisse in Deutschland blieb Freud zunächst in Wien, da er nicht mit dem Einmarsch der Nazis in Österreich rechnete. Als aber dennoch die Nazis am 11. März 1938 in Österreich einmarschierten, wurde eine dramatische, auf höchster politischer und diplomatischer Ebene angesiedelte Emigration Freuds und seiner Familie vorbereitet. Die amerikanische Diplomatie wurde für ihn unter Rücksprache mit Roosevelt tätig. Seine Ausreise glückte. Über Paris gelangte Freud nach London. Als er dort eintraf, wurde er von der Presse stürmisch begrüsst und gefeiert.

Im Herbst 1938 zog er mit seiner Frau und Anna in das Haus «Maresfield Gardens 20» ein. Doch schon im Frühjahr des kommenden Jahres zeigte sich bei ihm eine neue inoperable Krebsgeschwulst. Dr. Max Schnur berichtete über Freuds Ende: «Als er von neuem schreckliche Schmerzen hatte, gab ich ihm eine Injektion von zwei Zentigramm Morphium. Er spürte schon bald Erleichterung und fiel in friedlichen Schlaf. Der Ausdruck von Schmerz und Leiden war gewichen. Nach ungefähr 12 Stunden wiederholte ich die Dosis. Freud war offensichtlich so am Ende seiner Kräfte, dass er in ein Koma fiel und nicht mehr erwachte. Er starb um 3 Uhr morgens am 23. September 1939.»¹¹ Damit starb Freud ganz unter dem

Eindruck seiner Lebensarbeit. Noch wenige Wochen vor seinem Tod behandelte er die wenigen Patienten, die zu ihm kamen. Er nahm keine Revision seiner Vorstellungen, Ideen und Theorien vor. In der Überzeugung seiner Wahrheit und der damit verbundenen Konsequenz trat Sigmund Freud aus dem Leben.

Kollbrunner ist der Verdienst zuteil geworden, unter der Berücksichtigung von Erkenntnissen aus der modernen Psychoonkologie, eine Analyse von Freuds Leben vorzunehmen. Damit stellte sich ihm ganz konkret die Frage nach dem Zusammenhang von Freuds Krebserkrankung und seiner psychosozialen Entwicklung. Demnach kommt er zu dem Ergebnis, dass sich Freuds Krebserkrankung als ein mehrstufiger Prozess beschreiben lässt, sodass er schliesslich im Fall Freuds sieben Stufen beschreiben konnte (vgl. ebd., S. 272–277). Diese sind insofern interessant, als sie demonstrieren, dass Freud nicht nur am masslosen, suchtgesteuerten Zigarrenrauchen hauptursächlich starb, sondern wohl eher bedingt durch seine Erfahrungen, die seine Persönlichkeit prägten und sein Werk bestimmten. Welche Daten waren hier beeinflussend?

1. Seine narzisstischen, ihn wenig beschützenden Eltern.
2. Seine Selbstentfremdung, die als Kompensation der schmerzlichen Erfahrung, von den Eltern zurückgewiesen zu werden, beschrieben werden kann. So beginnt er als Kind, «seine nach Ausdruck drängenden Gefühle zurückzuhalten, besonders die Gefühle von Angst, Trauer und Wut …»
3. Früher Objektverlust, der bei schwerer Erkrankung oder gar Tod eines Elternteils oder eines Geschwisters bei kleinen Kindern eine Wut über das Im-Stich-Gelassen-Werden auslöst.
4. Objektfixierung kann im frühen oder mittleren Erwachsenenleben dazu führen, dass ein sich selbst entfremdeter Mensch plötzlich die Chance sieht, seine Isolation zu überwinden. Freud hatte früh den Drang, etwas Weltbewegendes zu schaffen. Sein Kontrollbedürfnis war in allen Lebensphasen stark ausgeprägt. «Glücklich fühlte er sich selten, einsam und von einem 'Dämon' getrieben oft.»

5. Zweiter Objektverlust, der sich als realer Objektverlust, etwa durch den Tod eines Menschen definiert, aber auch in dem Verlust der Objektbeziehung bestehen kann, da die Lebensvitalität nachlässt, wie z. B. im Prozess des Alterns. Schliesslich ist hierzu der Objektverlust zu zählen, der im Zusammenhang mit real erkannter Schuld gesehen werden muss.

6. Hilflosigkeit und Hoffnungslosigkeit, die entstehen, wenn es nicht gelingt, eine neue, zentrale Objektbeziehung zu errichten. «Sigmund Freud gelang es nicht, eine neue zentrale Objektbeziehung zu errichten. Er begann sich hoffnungslos zu fühlen. Die Angst vor dem Alter, insbesondere vor altersbedingtem intellektuellen Kontrollverlust, hatte ihn schon in früheren Lebensphasen stark beschäftigt.»

7. Selbstreduktion, als Beschreibung eines Tumorwachstums als Konsequenz der gegen sich selbst gerichteten Aggression, die dann noch schicksalsbeladen mit einer Hoffnungslosigkeit einhergeht, die die Immunabwehr reduziert.

Wenn wir diese Zusammenhänge durchdenken, stossen wir auf einen Komplex von lebensgeschichtlichen Ereignissen und Konsequenzen, der schlussendlich bei einem jeden Menschen nicht nur die Krebserkrankung beschleunigt, sondern auch die Beschleunigung auf dem Weg zum Tod definiert. Dass Freud sein Lebensschicksal, seinen Atheismus und seinen Grössenwahn nutzt, um im Tiefsten gegen die Hoffnungslosigkeit seines Lebens zu kämpfen, ist offengelegt. Gleichzeitig aber auch belegt, dass der Mensch seiner Geschöpflichkeit und Berufung nicht entfliehen kann, ohne erheblich Einbusse in seinem Leben zu erfahren. Wenn man auf dieser Folie Freuds Leben betrachtet und sein Werk liest, so entdeckt man einen Menschen, der verzweifelt um sein Seelenheil und das anderer kämpft. Wie wir sehen werden, war sein Kampf nur geringfügig heilversprechend.

Was war sein Leben – ausser einer Suche nach Grösse, Genialität und Ruhm? Was ist seine eigentliche Hinterlassenschaft für uns, seine Nachgeborenen? Um diese Fragen beantworten zu können, beschäftigen wir uns mit seinem Lebenswerk. Da die äusseren und inneren Bedingungen, die seine Biografie verdeutlichen, nun aufgezeigt wurden, beschränken wir uns jetzt auf die Vorstellung der Teile seines Werkes, die sein Denken über menschliches Leben veranschaulichen.

Kapitel 2

Freuds Werk

I. Heilung der Hysterie durch Hypnose?

Umgangssprachlich verstehen wir unter einem Hysteriker einen Menschen, der ein extrem abnormes Verhalten an den Tag legt. Bei der näheren Untersuchung seines Krankheitsbildes findet man verschiedene unkontrollierte Erregungen. Diese gehen mit körperlichen Beeinträchtigungen wie Lähmungen, Krampfanfällen, Bewusstseinseinschränkungen und anderem mehr einher. Auf den ersten Blick erscheint so ein recht schwieriges, konfuses Krankheitsbild.

Die Geschichte der Hysterie führt bis auf Hippokrates zurück, der als Erster von Hysterie sprach. Zu seiner Zeit sah man in der Hysterie ein typisches Frauenleiden, das aus krankhaften Vorgängen in der Gebärmutter stammen sollte (Gebärmutter – griech. *hystéra*). Durch Martin Charcot, den Freud in Paris kennen lernte, erhielt die Hysterie wieder die Ernsthaftigkeit zuerkannt, die notwendig war, um sie medizinisch-psychiatrisch genauer zu bestimmen.

Charcot war ein umfassend gebildeter Mediziner. Er besass eine überlegene Kenntnis der Ursachen vieler organischer Krankheiten. Um das Geheimnis der Hysterie zu erforschen, bediente er sich verschiedener Wege. Durch sorgfältige Beobachtung möglichst vieler Fälle und ihrer anschliessenden Analyse erarbeitete er sich das nähere «Umfeld» der Hysterie. Dinge, die er noch nicht genau genug kannte, sah er sich immer wieder, Tag für Tag, neu an, bis er sich in der Lage sah, die erforschten Krankheitsbilder durch eine konsequente Verknüpfung gewisser Symptomgruppen kennzeichnen zu können. An einigen seiner nicht hysterischen Patienten konnte Charcot durch hypnotische Schaustellung Symptome von Lähmungen, Zittern und anderen hysterischen Erscheinungen demonstrieren. Damit zeigte er einleuchtend, dass zumindest einige körperliche Symptome nicht auf Gewebsveränderungen, Verletzungen oder anderen physischen Ursachen beruhten, sondern allein auf das Wirken des Geistes zurückgingen. Somit war ein neues «Ursache-Wirkung-Verhältnis» angedeutet. Eine geistige Ursache zeitigt eine körperliche Wirkung. Für Freud waren mit diesen Erlebnissen die Grundlagen zu seinem späteren Werk gelegt. Über das Verständnis der Hysterie sah er einen Weg geebnet, um zu den Rätseln des Geistes und der Seele vorzudringen.

Doch was war mit diesen Erfahrungen schon gewonnen? Das weite Feld der Hysterieforschung war in den ersten Phasen abgesteckt, keinesfalls aber schon vollständig abgemessen. Die Demonstration der Hypnose zeigte nur einen möglichen Zusammenhang von seelischen und körperlichen Beziehungen. Die Ursachen der Hysterie waren, ebenso wie deren Heilung, noch vollkommen unzureichend angedeutet. Welche Methode, welches Heilverfahren ist einer «kranken» (gestörten) Seele angemessen? Was ist überhaupt die Seele des Menschen, was sind seine Gefühle und Affekte? Diese Fragen wurden nicht gestellt. Für Freud ging es darum, das erahnte Neuland schnell zu erobern, um als Alleinherrscher auf diesem Gebiet menschlichen Lebens Macht ausüben zu können. In seinem Vorverständnis sind die mechanistisch-materialistische Medizin und die Behandlung der Hysterie à la Josef Breuer zu finden. Dies legt ihn dermassen fest, dass er gleich seinen ersten Fall von Hysterie mittels Hypnose behandelt. Für Freud war die Hysterie der Einstieg zur Entwicklung seiner Psychoanalyse. Durch sie gelangte er zu der Feststellung, dass menschliches Leben neben bewusstem Verarbeiten von Wirklichkeit auch die Dimension der unbewussten Reaktion und Verarbeitung von Wirklichkeit enthält.

Gemeinsam mit Josef Breuer veröffentlichte Freud 1893 in einer «Vorläufigen Mitteilung» seine Gedanken «Über den psychischen Mechanismus hysterischer Phänomene». In dieser Mitteilung bringen beide zum Ausdruck, dass sie seit etlichen Jahren den Symptomen der Hysterie auf der Spur sind. Durch das übliche Krankenexamen kommen sie nicht auf den Ausgangspunkt der Hysterie. Dieses liegt unter anderem daran, dass zum Teil unangenehme Erlebnisse Einfluss auf den «Zustand» des Hysterischen genommen haben. Über diese zu sprechen, ist dem Patienten peinlich. Um im Arzt-Patienten-Verhältnis dieser Peinlichkeit zu entgehen und die Ahnungen Freuds und Breuers auf den Weg zu bringen (dass seelische bzw. geistige Ursachen für die Krankheit anzunehmen sind), bedienen sie sich der Hypnose als eines Mittels der Diagnose und Therapie. So erscheint ihnen ein Zusammenhang zwischen starken seelischen Erschütterungen und hysterischem Krankheitsbild zu bestehen. Denken wir in diesem Zusammenhang etwa an Anna O. Erst nach der Aufhellung ihres Ekelerlebnisses kann sie selbst wieder trinken. Der Ekel, der bei vollem Bewusstsein der erlebten Situation nicht bewusst wurde, erscheint im Unterbewusstsein und legt sich dort als lebendige Erfahrung von Wirklichkeit «nieder». Für Anna O. war dies so entscheidend, dass sie später verhindert war, etwas aus einem Glas zu trinken. Drehen wir das Erlebnis der Anna O. – zum besseren Verständnis für die Zusammenhänge von bewusstem und unbewusstem Reagieren des Menschen auf die Wirklichkeit – einmal um: Hätte Anna O., so nehmen wir einmal an, dem Hund bei ihrem Anblick von dessen Trinken aus dem Glas einen Klaps versetzt oder vielleicht sogar das Glas gründlich ausgewaschen, so hätte sie ihr Ekelgefühl abreagieren bzw. realisieren können. Die Folge hiervon wäre kein Trauma, sondern eine Befreiung von diesem gewesen. Die Form der «leichten» Hysterie, die dieser Fall und Freuds Bericht «Ein Fall von hypnotischer Heilung» einer Frau, die nach ihrer Entbindung extreme Stillschwierigkeiten hatte, zeigt, findet durch Hypnose eine angebliche Heilung. Dies trifft jedenfalls für die Mutter zu, die nach der Hypnose ihr Kind stillen kann. Zum besseren Verständnis geben wir Freuds Fallschilderung hier wieder:

«Die Patientin hatte, als die Geburt des ersten Kindes aus ihrer glücklichen Ehe herannahte, die Absicht, dasselbe selbst zu nähren.

*Der Geburtsakt verlief nicht schwieriger, als es bei älteren Erstge-
bärenden zu sein pflegt, und wurde durch Forceps beendigt. Der
Wöchnerin gelang es aber trotz ihres günstigen Körperbaues nicht,
dem Kinde eine gute Nährmutter zu sein. Die Milch kam nicht reichlich, das Anlegen verursachte Schmerzen, der Appetit mangelte, ein
bedenklicher Widerwille gegen die Nahrungsaufnahme stellte sich
ein, die Nächte waren erregt und schlaflos, und um Mutter und Kind
nicht mehr zu gefährden, wurde der Versuch nach vierzehn Tagen
als missglückt abgebrochen und das Kind einer Amme übergeben,
wonach alle Beschwerden der Mutter rasch verschwanden. Ich be-
merke, dass ich von diesem ersten Laktationsversuch nicht als Arzt
und Augenzeuge berichten kann.*

*Drei Jahre später erfolgte die Geburt eines zweiten Kindes, und
diesmal liessen auch äussere Umstände es wünschenswert erscheinen, eine Amme zu umgehen. Die Bemühungen der Mutter, selbst zu
nähren, schienen aber weniger Erfolg zu haben und peinlichere Erscheinungen hervorzurufen als das erste Mal. Die junge Mutter er-
brach alle Nahrung, geriet in Aufregung, wenn sie dieselbe an ihr
Bett bringen sah, war absolut schlaflos und so verstimmt über ihre
Unfähigkeit, dass die beiden Ärzte der Familie, die in dieser Stadt
so allgemein bekannten Ärzte Dr. Breuer und Dr. Lott, diesmal von
einer längeren Fortsetzung des Versuches nichts wissen wollten. Sie
rieten nur noch zu einem Versuch mit hypnotischer Suggestion und
setzten durch, dass ich am Abend des vierten Tages als Arzt zu der
mir befreundeten Frau geholt wurde.*

*Ich fand sie mit hoch geröteten Wangen zu Bette liegend, wütend
über ihre Unfähigkeit, das Kind zu nähren, die sich bei jedem Versuch steigerte und der sie doch mit allen Kräften widerstrebte. Um
das Erbrechen zu vermeiden, hatte sie diesen Tag über nichts zu sich
genommen. Das Epigastrium war vorgewölbt, auf Druck empfind-
lich, die aufgelegte Hand fühlte den Magen unruhig, von Zeit zu Zeit
erfolgte geruchloses Aufstossen, die Kranke klagte über beständi-
gen üblen Geschmack im Munde. Die Ära des hochtysmpanitischen
Magenschalles war erheblich vergrössert.*

Ich wurde nicht als willkommener Retter aus der Not begrüsst, sondern offenbar nur widerwillig angenommen und durfte auf nicht viel Zutrauen rechnen.

Ich versuchte sofort, die Hypnose durch Fixierenlassen bei beständigem Einreden der Symptome des Schlafes herbeizuführen. Nach drei Minuten lag die Kranke mit dem ruhigen Gesichtsausdruck einer Tiefschlafenden da. Ich weiss mich nicht zu erinnern, ob ich auf Katalepsie und andere Erscheinungen von Folgsamkeit geprüft habe. Ich bediente mich der Suggestion, um allen ihren Befürchtungen und den Empfindungen, auf welche sich die Befürchtungen stützten, zu widersprechen. 'Haben Sie keine Angst, Sie werden eine ausgezeichnete Amme sein, bei der das Kind prächtig gedeihen wird. Ihr Magen ist ganz ruhig, Ihr Appetit ausgezeichnet, Sie sehnen sich nach einer Mahlzeit und dergleichen.' Die Kranke schlief weiter, als ich sie für einige Minuten verliess, und zeigte sich amnestisch, nachdem ich sie erweckt hatte. Ehe ich fortging, musste ich noch einer besorgten Bemerkung des Mannes widersprechen, dass die Hypnose wohl die Nerven einer Frau gründlich ruinieren könne. Am nächsten Abend erfuhr ich, was mir als Unterpfand des Erfolges galt, den Angehörigen und der Kranken aber merkwürdigerweise keinen Eindruck gemacht hatte. Die Wöchnerin hatte ohne Beschwerden zu Abend gegessen, ruhig geschlafen und am Vormittag sich wie das Kind tadellos ernährt. Die etwas reichliche Mittagsmahlzeit war aber zu viel für sie gewesen. Kaum dass dieselbe aufgetragen wurde, erwachte in ihr der frühere Widerwille, es trat Erbrechen ein, noch ehe sie etwas berührt hatte. Das Kind anzulegen war unmöglich geworden, und alle objektiven Zeichen waren bei meinem Erscheinen wieder wie am Vorabend. Mein Argument, dass jetzt alles gewonnen sei, nachdem sie sich überzeugt hätte, dass die Störung weichen könne und auch für einen halben Tag gewichen sei, blieb wirkungslos. Ich war nun bei der zweiten Hypnose, die ebenso rasch zum Somnambulismus führte, energischer und zuversichtlicher. Die Kranke werde fünf Minuten nach meinem Fortgehen die ihrigen etwas unwillig anfahren: wo denn das Essen bleibe, ob man denn die Absicht habe, sie auszuhungern, woher sie denn das Kind nähren solle, wenn sie nichts bekäme und derglei-

chen. Als ich am dritten Abend wiederkehrte, liess die Wöchnerin keine weitere Behandlung zu. Es fehle ihr nichts mehr, sie habe ausgezeichneten Appetit und reichlich Milch für das Kind, das Anlegen des Kindes mache ihr nicht die geringsten Schwierigkeiten und dergleichen. Dem Manne war es etwas unheimlich erschienen, dass sie gestern Abend bald nach meinem Fortgehen so ungestüm nach Nahrung verlangt und der Mutter Vorwürfe gemacht habe, wie es niemals ihre Art gewesen. Seither gehe aber alles gut. Ich hatte nichts mehr dabei zu tun, die Frau nährte das Kind acht Monate lang, und ich hatte häufig Gelegenheit, mich freundschaftlich von dem Wohlbefinden beider Personen zu überzeugen. Nur fand ich es unverständlich und verdriesslich, dass von jener merkwürdigen Leistung niemals zwischen uns die Rede war.

Indessen kam meine Zeit ein Jahr später, als ein drittes Kind dieselben Ansprüche an die Mutter stellte, welche sie ebenso wenig wie die vorigen Male zu befriedigen vermochte. Ich traf die Frau in demselben Zustand wie voriges Jahr und geradezu erbittert gegen sich, dass sie gegen die Essabneigung und die anderen Symptome mit ihrem Willen nichts vermochte. Die Hypnose des ersten Abends hatte auch nur den Erfolg, die Kranke noch hoffnungsloser zu machen. Nach der zweiten Hypnose war der Symptomkomplex wiederum so vollständig abgeschnitten, dass es einer Dritten nicht bedurfte.

Die Frau hat auch dieses Kind, das heute 1 1/2 Jahre alt ist, ohne alle Beschwerden genährt und sich des ungestörtesten Wohlbefindens erfreut.»[12]

Problematischer ist der Heilerfolg bei «schwerer» Hysterie, wie sie bei Anna O. gegeben war. Der Erfolg der Heilung blieb hier aus. Warum er ausblieb und wie die Heilung der leichten Hysterie durch Hypnose zu bewerten ist, soll unsere Hypnosediskussion zeigen.

Freuds und Breuers Studien über «Hysterie» (1895) sind dem heutigen Leser fremd, da das Krankheitsbild der Hysterie als solches in der heutigen Psychiatrie nicht mehr gesehen wird. Allerdings führt die Hysterie zu einem «verknoteten Subjekt», wie die Anglistin Elisabeth Bronfen in ihrer Studie «Das verknotete Subjekt. Hysterie in der Moderne» (Berlin 1998) herausfand. Hysterien sind schlussendlich Notsignale eines seines Selbst beraubten Individuums. Dies zu bedenken und im Hinterkopf zu behalten, ist hilfreich, um Menschen zu verstehen, die Kontrollverlust und Verhaltensauffälligkeiten zeigen. Selbstverständlich gibt es für diviantes Verhalten die unterschiedlichsten Ursachen. So können sie neben rein psychischen auch, wie etwa in Freuds Leben sichtbar, psychosozial, genetisch und somatisch begründet bzw. auslösend sein.

Freud berichtet in den Studien zunächst über vier hysterische Fälle. Im ersten Fall, dem von *Frau Emmy von N.,* beschreibt Freud die Anwendung der Hypnose. Frau Emmy war eine hochintelligente Frau um die 40 Jahre, deren hysterische Beschwerden 14 Jahre zuvor einsetzten, kurz vor dem Tode ihres Mannes. Da sie an Appetitmangel, Anwandlungen von Delirium und Zuckungen im Gesicht und an den Halsmuskeln litt, suchte sie Freud auf. Hinzu kamen noch eigentümliche Schnalzlaute, die ihr schon zur Gewohnheit geworden waren, Halluzinationen und Ängste, die durch Tierphantasien begleitet wurden. Während ihrer Behandlungszeit entdeckte Freud eine ganze Reihe von traumatischen Erfahrungen, die Frau Emmy im Laufe ihres Lebens widerfahren waren. Unter Hilfestellung ihres guten Erinnerungsvermögens kamen folgende Erlebnisse aus ihrer Kindheit wieder zum Bewusstsein:

1. Einer ihrer Brüder hatte einmal eine tote Kröte nach ihr geworfen, worauf sie mit hysterischen Krämpfen reagierte!
2. Sie wurde einmal gezwungen, kaltes Fleisch mit erstarrtem Fett zu essen, was sie anwiderte!
3. Im Erwachsenenalter verstärkten sich diese negativen Gefühle, als Emmy ihre Mahlzeiten mit zweien ihrer Brüder teilen musste, die beide an ansteckenden Krankheiten litten.[13]

Freud konnte ihr anfangs helfen, doch fiel Emmy später wieder in ihre Hysterie zurück.

Die drei weiteren Fälle, die von *Miss Lucy R.,* einer jungen englischen Gouvernante, von *Katharina,* einem 18-jährigen Mädchen, und von *Fräulein Elisabeth von R.* gehen alle ähnlich aus. Eine wirkliche Heilung konnten auch sie nicht erleben. Freud selbst war

sich dessen durchaus bewusst.[14] Wie ist dieses Versagen zu erklären? Freud fragte nicht, welcher Zugang zur Seele des Menschen
der ihr angemessene sei. Dies halte ich neben allen anderen Gründen, die einer wirklichen Heilung im Wege standen, für den gravie-
rendsten. Ferner war Freud in Denkstrukturen verhaftet, die in seiner Zeit lagen und ihm den Zugang zu dem beobachteten Phänomen
des Unbewussten verstellten. Diese waren: die Helmholtzsche
Schule der Medizin, die Psychophysik von Theodor Fechner
(1801–1887) und die dynamisch-psychologische Tradition von Jo-
hann Friedrich Herbart (1776–1841).

Fechner führte das Prinzip der Energieerhaltung in die Psychologie ein und entwickelte aus diesem Konzept ein Lust-Unlust-
Prinzip. Aus Freuds Selbstdarstellung geht hervor, dass er diese Arbeiten kannte.[15] Herbart entwickelte eine eigenständige dynamische
Theorie der unbewussten psychischen Prozesse, die Freud während
seiner Gymnasialzeit kennen lernte. Er las damals ein psycholo-
gisches Lehrbuch, das auf Herbarts Lehren aufgebaut war. Neben all diesen Einschränkungen, die richtige Frage bezüglich seelischer Vorgänge stellen zu können, ist natürlich Freuds Ansporn,
etwas Grosses zu entdecken, ein erschwerendes Hindernis, um zur
Wahrheit über das Wesen des Unbewussten und der Seele zu kommen.

Um nicht nur in der Auflistung von Werkfakten und ihren kritischen und problematischen Konstellationen stecken zu bleiben, versuche ich nun einen Ausweg zu beschreiben. Unter der vollen Ak-
zeptierung des Unbewussten und dem Bewusstsein, dass der
Mensch sich mit der Wirklichkeit seines Lebens zu befassen hat,
tauchen Fragen nach der Seele und ihrer rechten Heilung auf. So
wollen wir fragen, was wir unter der Seele des Menschen zu verstehen haben und wie, nachdem diese Frage beantwortet ist, ihre
Heilung aussehen kann. Beschäftigen wir uns zunächst mit dem,
was man unter der Seele des Menschen verstand, heute noch versteht und wie und ob Seele definierbar ist.

Ganz allgemein versteht man unter der Seele des Menschen das
geistige, lebensspendende Prinzip im Menschen. Demnach be-

stimmt sie seine Persönlichkeit und Individualität. Wer sich dieser Tatsache noch nicht bewusst ist, möge einmal beim Tod eines ihm vertrauten Menschen diesen genau beobachten. Was er dann nämlich als Leiche vor sich sieht, ist tote Materie und Verlust der Persönlichkeit und Individualität des Menschen. Die Seele des Menschen lässt sich nicht finden. Sie ist mit dem Tod des Menschen für den Beobachter desselben abhanden gekommen. Der tote Körper ist da; doch das Eigentliche, das diesen Körper «bewohnte», ist entschwunden. Schon die alten Griechen registrierten diese Tatsache sehr genau. Auf einer attischen Amphora aus der Zeit um 500 v. Chr. ist diese Tatsache festgehalten. Schlaf und Tod tragen den gefallenen Krieger vom Schlachtfeld (Homer, «Ilias» XVI, S. 452 ff.), während dessen abbildliche Seele, das Eidolon, entschwebt oder ausgehaucht wird. Auch beim lebenden Menschen lässt sich die Seele des Menschen nicht «finden». Sie hat keinen «Materie-Organ-Charakter», sondern ist von anderer Beschaffenheit; sie lässt sich nicht dingfest machen, auch wenn dies von einigen Forschern gerne gesehen würde. Aus diesen Zusammenhängen ergibt sich eine nicht unwesentliche Konsequenz für die Psychologie, die ja als Wissenschaft der Seele gilt. Sie kann demnach eigentlich keine Aussagen über Wesen und Eigenschaften der Seele treffen, da diese ausserhalb ihrer auf Erfahrung beruhenden Methoden liegen. Wenn sie dennoch Wesensäusserungen entdeckt und diesen nachgeht, so bleiben ihre Stellungnahmen hierzu immer vorläufig und individuell variabel.

Alle allgemeinen Aussagen über Angst, Verzweiflung, Liebe, Reue, Hoffnung, Treue, Barmherzigkeit usw. unterliegen nie einer genauen Definition und schon gar nicht einer festgelegten Regelhaftigkeit. Alle seelischen Äusserungen können lediglich beobachtet und beschrieben, nie aber ganz festgeschrieben werden, da die Seele nicht einzugrenzen, festzuhalten oder zu lokalisieren ist. Die Psychologie ist damit nie vor Überraschungen und Enttäuschungen sicher. Mit einer gewissen Unbekannten muss sie sich abfinden, wenn sie Äusserungen über die Seele des Menschen macht. Eigenartig und gleichsam bemerkenswert ist jedoch die Tatsache, dass alle Menschen von menschlicher Seele wissen. Niemand ist hier ausgeschlossen. Deutet dies nicht auf die Geschöpflichkeit des Menschen hin, weist ihn dies nicht über sich hinaus auf seinen Schöpfer?

Psychologie und Psychiatrie beschäftigen sich als Wissenschaften unter den eben genannten Einschränkungen mit den in der Gesamtheit des menschlichen Lebens erscheinenden psychischen Abläufen und Reaktionen: Denken, Wahrnehmen, Fühlen usw. Gegenseitige Beeinflussungen von Seele und Körper können so ausgemacht werden.

Hier müssen wir nun aber eine Grenze ziehen: Der Mensch kann nur sehr eingeschränkt seine Seele selbst erforschen und ausloten. Bei all diesem Tun steht der forschende, der analysierende Aspekt im Vordergrund. Wenn dieser sich schon als sehr schwierig und keineswegs eindeutig ausnimmt (vgl. etwa die sich oft bekämpfenden psychologischen Schulen und Methoden), wie mag dann wohl erst die Heilung einer «kranken» Seele bestimmt und verwirklicht werden können. Da uns wissenschaftliches Forschen über die Seele nur begrenzt hilft, schauen wir zu dem, auf den die Seele des Menschen verweist: auf Gott.

Nach dem Zeugnis der Bibel schuf Gott Himmel und Erde und den Menschen. Die Bibel legt ganz deutlich in ihrer Aussage über die Erschaffung des Menschen ihr Augenmerk darauf, dass Gott dem Menschen seinen Odem einblies. Aus «adama», aus Erde, wurde seine Körperlichkeit gestaltet. Diese, so erwähnten wir vorhin, ist die Hülle, das Haus, in das nun das Eigentliche menschlichen Lebens seinen Einzug nimmt, die Seele des Menschen, eingehaucht durch den Odem Gottes. «Da machte Gott der Herr den Menschen aus Erde vom Acker und blies ihm den Odem des Lebens in seine Nase und so ward der Mensch ein lebendiges Wesen» (1. Mose 2,7). Nach dem Sündenfall kommt über den Menschen als Folge seines Ungehorsams der Tod. «Denn du bist Erde und sollst zu Erde werden» (1. Mose 3,19). In einer Psalmstelle wird der von uns beobachtete Zustand beim Tod eines Menschen treffend umschrieben als ein Zurücknehmen der Seele durch Gott: «…

nimmst du weg ihren Odem, so vergehen sie und werden wieder Staub» (Psalm 104,29).

Hiob, einer der grossen Realisten der Menschheit, stellt in einer Anfrage Zophars, einem seiner «Freunde», fest: «Wer erkennt nicht an dem allen, dass des Herren Hand das gemacht hat, dass in seiner Hand ist die Seele von allem, was lebt, und der Lebensodem aller Menschen?» (Hiob 12,10). Mit diesem Bibelzitat ist für den, der der Bibel als dem geoffenbarten Wort Gottes zuhört, deutlich geworden, dass die letzte Zuständigkeit für «Seelenangelegenheiten» in Gottes Macht liegt. Wer dies ignoriert und anhand von seelischen Äusserungen menschlicher Existenz selbst Ursprung und Heil der «kranken» Seele ohne Gott sucht, geht an der Wirklichkeit seelischer Existenzialität vorbei. Moral und Freiheit, Ethik und Religiosität mögen wohl noch durch Verstand zusammengebastelt werden können. Die Seele und ihre Ordnungsmässigkeit weist über Materie und Rationalität auf Gott hin, zu dem sie gehört. Besonders zu betonen ist in diesem Zusammenhang ihr Weisungscharakter. Der Mensch als ein Geschöpf Gottes hat durch seine Seele eine Ahnung von seinem Ursprung ausserhalb von sich selbst und der ihn umgebenden Welt. Er kann diesen zwar durch angeblich vernünftige Einsicht unterdrücken oder sich bewusst in seiner Seele dem Gegenspieler Gottes öffnen, doch verleugnen kann er seine Geschöpflichkeit nie. Mit dem Ergebnis unserer kleinen Untersuchung zu dem Phänomen «Seele» werden wir auf eine fundierte Heilung der Seele hingewiesen. Viele Stellen der Psalmen lesen sich wie eine Medizin für die «kranke» Seele. Nachfolgend seien die wichtigsten Stellen genannt:

- «Das Gesetz des Herrn ist vollkommen und erquickt die Seele» (Psalm 19,8).
- «Er erquickt meine Seele» (Psalm 23,3).
- «Meine Seele ist stille zu Gott, der mir hilft» (Psalm 62,2).
- «... der unsere Seele am Leben erhält» (Psalm 66,9).
- «Lobe den Herrn, meine Seele, und was in mir ist, seinen heiligen Namen!» (Psalm 103,1).
- «Wenn ich dich anrufe, so erhörst du mich und gibst meiner Seele grosse Kraft» (Psalm 138,3).

All diese Psalmstellen verweisen auf Gott, der für die Seele des Menschen zuständig ist. Sein Gesetz, seine Ordnungen für menschliches Zusammenleben erquicken die Seele. Dies bezeugt jemand, der nicht menschlich über Gottes Ordnungen philosophiert oder gar in falscher Weise «theologisiert», sondern den Geboten Gottes gehorsam folgt. In seiner Lebenspraxis erfährt er die Heilwirkung. Durch die Gemeinschaft mit Gott und in der Nachfolge Jesu ergibt sich ganz von selbst eine Lebenserfahrung, ein existentieller Bezug zu Gott. Dann wird die Seele still und hängt sich an ihn, weil sie von ihm alles erwartet. Gerade die Psalmen bezeugen auf ihre Weise eine grosse Lebendigkeit und Realität vom Leben des Menschen mit Gott. Die Voraussetzung zu dieser Sicht der Dinge gründet sich allerdings auf einen Sinnes- und Willenswandel des Menschen. Der Mensch, der unseren Ausführungen über Gott und Seele folgt und diesen in seinen täglichen Lebensbezügen nachkommt, schaut über sich hinaus auf Gott. Er hat begriffen, dass nicht er das Mass aller Dinge seines Lebens ist. Für die Wissenschaft und für Freud ist die Konsequenz dieselbe. Solange sich die Psychologie bei ihren Äusserungen über die menschliche Seele nicht ihrer Unzulänglichkeit bewusst ist, wird sie dem Menschen keine echte Hilfe zur Lebensbewältigung sein können. Versteigt sie sich vielleicht sogar auf einen Totalanspruch in Sachen Seele, so wird sie für den Menschen gefährlich. Wer die Geschichte der Psychologie und ihr Gebaren in der heutigen Zeit genau beobachtet, muss, mit einzelnen Ausnahmen, zu letzterer Befürchtung kommen. Bezogen auf Freud liegt hier schon, gleich zu Beginn seiner Entdeckung des Unbewussten, der Todeskeim seiner weiteren Theorie verborgen. Da er weder dem seelischen Problem als solchem nachforscht noch über sich hinausschaut, bleibt er in seinen Entwürfen einseitig, fehlerhaft, unglaubwürdig und diktatorisch. Er entpuppt sich von Publikation zu Publikation als der Alleinherrscher über die menschliche Seele. Welch fataler Irrtum: Seine grösste Entdeckung wurde zur grössten Lüge über die Seele des Menschen, deren Ursprung und Heilung.

Psychologie, die jedoch ihre Grenzen erkennt und der Existenz göttlicher Wahrheit Berücksichtigung schenkt, könnte der Menschheit einen grossen Dienst erweisen. Sie würde ihr nämlich nachhaltig offenlegen können, dass des Menschen Sünde seine Seele zerstört und dass sich jede «kranke» Seele zutiefst nach der Sündenvergebung sehnt. Damit wäre die Psychologie auf eine enge Zusammenarbeit mit einer biblischen «Theologie» verwiesen, die es sich zum Hauptanliegen gemacht hat, Gottes Wort als Wort Gottes anzuerkennen. Die Bedeutung des Begriffs «Heil» ist in seiner Geschichte für den Menschen immer mit dem Sinn von Glück, Gesundheit, Rettung und Beistand belegt. Unter dem Einfluss des Christentums erhält dieses Wort zudem die Bedeutung von «Erlösung von Sünden und Gewährung der eigenen Seligkeit».

Nach dem Zeugnis der Bibel ist das Heil Gottes auf dem Hintergrund der Heillosigkeit dieser Welt zu sehen. Durch seinen Ungehorsam geriet der Mensch in Unheil und Tod (vgl. 1. Kor. 15,22 a; Römer 5,12.16.19 a). In den Gerichtsschluss Gottes über den Abfall des Menschen fiel auch die ganze Kreatur mit hinein.

Heilung und Rettung aus diesem Zustand kann alleine durch Gottes vergebende Gnade geschehen. Ohne die Annahme des Kreuzestodes seines Sohnes zur Vergebung der Sünden ist dieses Heil für den Einzelnen nicht zu erlangen. Er bleibt ohne Gott in seinem schon durch Geburt ihm anhaftenden unheilen Zustand. Was wir schon in unseren Ausführungen zur Seele feststellten, gilt auch bezüglich des Heils, dass dieses für den Menschen nur bei Gott zu finden ist. Nennen wir zur besseren Verständigung einige Hinweise aus der Bibel:

– «Der Herr ist meine Stärke und mein Lobgesang und ist mein Heil» (2. Mose 15,2).
– «Meine Seele verlangt nach deinem Heil» (Psalm 119,81).
– «Nun ist das Heil und die Kraft und das Reich unseres Gottes geworden und die Macht seines Christus, weil der Verkläger unserer Brüder verworfen ist, der sie verklagte Tag und Nacht vor unserem Gott» (Offenbarung 12,10).

Ob Mose, der Psalmsänger oder die Offenbarung über die letzten Dinge durch Johannes – alle zitierten Stellen weisen Gott als den

Heilbringer für den Menschen aus. Besonders das Zeugnis des Mose zeigt deutlich, dass der Mensch zu seinem Heil zu «etwas anderem» in Beziehung tritt. Für Mose ist es der lebendige Gott. Für die Heiler durch Psychoanalyse und Psychotherapie ist es Sigmund Freud. Heilung wird erwartet, erhofft und geschieht immer in einem Auslieferungsverhältnis. Hier macht es allerdings einen Unterschied, ob Menschen sich in ihrem seelischen Unheil an Menschen ausliefern oder an den lebendigen Gott. Der Unterschied wird in der Lebenspraxis sichtbar. Menschen, die zur Zeit Jesu seelisch gestört waren, erfuhren seine heilende Kraft zuerst durch seine Vergebung. Warum, so fragte ich mich, spornt die Lebensgeschichte der durch Jesus Geheilten uns heute nicht mehr an, ihrem Beispiel zu folgen und zu Jesus zu gehen? Lassen wir uns lieber von Freud und seiner Schule verführen, um uns im Grunde menschlich helfen zu lassen? Ist uns das Gebet, das «Ringen» mit Gott, in unseren tiefen seelischen Schmerzen durch Psychologie und angeblich menschliches Wissen über unsere Seele abhanden gekommen? Oder fürchten wir gar die Heilbehandlung Gottes?

Fragen über Fragen tun sich auf, wenn wir hier weiterdiskutieren. Doch trotz der vielen Fragen ist die ihnen zugrundeliegende Antwort nahe liegend: Der Mensch möchte sein wie Gott, auch bezüglich der Heilungsmöglichkeiten einer gestörten Seele. Doch der Mensch ist nicht Gott, wenn er auch göttlichen Geschlechtes ist. Der Mensch findet ohne Gott nicht zur Heilung seiner gestörten Seele. Wer dem widerspricht, möge sich um seiner selbst willen der ehrlichen Frage unterziehen, ob er, sofern er psychisch «krank» ist, bei seinem Psychotherapeuten eine echte Heilung erfährt. Die psychiatrischen Einrichtungen geben hiervon allerdings kein Zeugnis ab. So steht der Ruf der Bibel nach wie vor im Raum. Unüberhörbar spricht die Bibel davon, dass Gott der Schöpfer und Erhalter der menschlichen Seele ist. Gott allein gibt einer «kranken» Seele eine Heilung, die den Kranken wieder fröhlich seine Strasse ziehen lässt. Hören wir deshalb wieder neu den Ruf Jesu, der lautet: «Kommet her zu mir alle, die ihr mühselig und beladen seid, ich will euch erquicken.» Wir müssen allerdings kommen. Erst wenn wir uns aufmachen und von Jesus alles erwarten, wird seine Kraft in uns Schwachen Heilung schaffen können. Halten wir für unsere Werkdiskussion mit Freud fest:

a) Gott gab dem Menschen eine Seele, womit ihm göttliche Abstammung zuteil wurde;

b) Gott behält sich vor, für die Heilung und Erquickung der Seele des Menschen zuständig zu sein;

c) Gott sandte seinen Sohn in die Welt, damit verlorene und nichtselige Menschen Ruhe und Frieden für ihre Seele finden können.

Damit ist vom Anbeginn der Menschheit das Wohl des Menschen an Leib, Seele und Geist unter der Führung Gottes ausgewiesen. Wenn man so will, ist viele Jahrhunderte vor Sigmund Freud durch die Offenbarung Gottes die rechte und heilbringende «Psychotherapie» bei Gott als Arzt und Retter aller menschlicher Unzulänglichkeiten, Gebrechen und Krankheiten an Leib und Seele angesiedelt. Freud hat demnach ein «Konkurrenzunternehmen» in Sachen Seelenheilung gegen Gott aufgemacht. Damit aber wurde er zum Werkzeug in der Hand des Durcheinanderbringers, der all das angreifen und zerstören will, was Gott in seiner Weisheit und Allmacht geordnet hat. Dass Gott hier nicht direkt eingreift und seinen Anspruch als Schöpfer geltend macht, zeigt uns, dass er Menschen freiwillig zu sich ziehen möchte. Wenn uns ein Arzt schlecht berät oder im übelsten Fall sogar falsch, sodass wir durch seine Therapie nicht gesund, sondern kränker werden, sollten wir so klug sein und schnell einen anderen Arzt aufsuchen. Wann aber werden wir endlich einsichtig, dass die Psychotherapie ohne Gott die Seele des Menschen kränker macht, statt sie einer Heilung nahe zu bringen? Das Angebot Gottes, seine Prinzipien als erfolgreiche (biblische) Therapie anzuwenden, gilt nach wie vor.

Freud versuchte, mittels der suggestiven Hypnose einen Heilerfolg bei seinen hysterisch kranken Patienten zu erzielen. Wie ging er vor?

Zunächst wandte er die Hypnose so an, wie er es bei Charcot gesehen und gelernt hatte. Er versetzte seine Patienten in Trance und

suggerierte ihnen das Verschwinden eines Symptoms bei der Rück-
kehr in den normalen Bewusstseinszustand. Gerade heutzutage
kommt diese Hypnosetherapie wieder in Umlauf und findet ihre Re-
naissance. Im Frühjahr 1984 erschien von Thomas Svoboda im Kö-
sel Verlag «Das Hypnose Buch». Leser dieses Buches werden nach
der Lektüre in die Lage versetzt, bei Menschen, die sich damit einverstanden erklären, den Zustand einer hypnotischen Trance herzu-
stellen. Diese wird sie ganz von ihrem Alltag und natürlichen Wei-
terleben lösen. Ihre Aufmerksamkeit ist in solch einem Zustand auf
realitätsfremde Dinge gerichtet; ihr kritisches Denken ist reduziert.
Jetzt erfahren sie Nicht-Wirkliches als Realität. Beschreiben wir im
Folgenden einmal die einzelnen Zustandsveränderungen, die ein
Mensch bis zur tiefen Trance durchläuft. Vier Stadien sind bis zur
Erreichung der tiefen Trance zu durchschreiten:
1. hypnotischer Zustand,
2. leichte Trance,
3. mittlere Trance,
4. tiefe Trance.

Im hypnotischen Zustand zeigt der Hypnotisierte ein Flattern seiner Augenlider. Körperlich empfindet er Entspannung, die bis zum
Schliessen seiner Augen führt. Hinzu können noch leichte Lethar-
gien der Muskeln kommen. Dieses erste Stadium der Hypnose auf
dem Weg zur tiefen Trance kann auch durch autogenes Training erreicht werden. Körperliche Ruhigstellung und ein Abschalten des
Menschen zu seiner Umgebung stellen sich ein. Die Konzentration
des Menschen auf sein «Inneres» beginnt.

Im zweiten Schritt zur leichten Trance erscheint die Unfähigkeit,
die Augen zu öffnen. Die Atmung wird langsamer, und eine fort-
schreitende Schlaffheit breitet sich über den ganzen Körper aus.
Nach diesem Stadium stellt sich die mittlere Trance ein. Anästhesie
der Hand, partielles Vergessen von vordem noch gewussten Tatsachen und Halluzinationen treten auf. Gelangt der Hypnotisierte
schliesslich in den Zustand der tiefen Trance, so kann er nun seine
Augen wieder öffnen, ohne dadurch seine Trance unterbrechen zu

müssen. Wenn man solche Menschen beobachtet, hat man den Eindruck, dass sie ganz weit weg, nur nicht im Hier und Jetzt ihrer Umgebung und Welt sind. Alles Tatsächliche und Reale haben sie hinter sich gelassen. Der Weg zur absoluten Herrschaft, zur Kontrolle und Manipulation durch den Therapeuten ist nun offen. Wie weit dieser Einfluss im rein körperlichen Bereich geht, sollen folgende Beispiele zeigen. Durch die Einflussnahme des vegetativen Nervensystems können Manipulationen des Herzens, des Blutdrucks, des Magen-Darm-Traktes, der Gefässe und der einzelnen Sinnesorgane erfolgen.

Manipulation des Herzens
Hierbei kann die Herztätigkeit beeinflusst werden. «Auf entsprechende Suggestion setzt das Herz wie auf Kommando aus», schreibt Dr. Bick in seinem Buch «Hypnose in der Medizin und ihre Wellentheorie» (München 1967). Ferner kann man es durch Hypnose unregelmässig, schneller oder langsamer schlagen lassen.

Manipulation des Blutdrucks
Dieser lässt sich erhöhen oder herabsetzen. Blutbild und Blutsenkungsgeschwindigkeit lassen sich ebenfalls manipulieren.

Manipulation der Magen-Darm-Tätigkeit
Hierbei sind die Absonderung von Magensaft und die Magen-Darm-Bewegung beeinflussbar. Die Schleimhaut des Magens legt sich in breite Falten, ähnlich wie bei einem chronischen Magenkatarrh.

Manipulation der Gefässe
Wenn die Gefässerweiterungs- und die Gefässverengungsnerven beeinflusst werden, kann eine Stigmatisation durch Hypnose erscheinen. «Beeinflussen wir beide Nerven», so Dr. Bick, «und geben wir dabei an, dass entweder auf der Stirne oder auf dem Handrücken ein Kreuz erscheinen soll, so bewirken die Gefässverenger ein Zusammenziehen der Gefässe an dem Bezirk, an dem das Kreuz erscheinen soll.»

Manipulation der Sinne und Hervorrufung von Sinnestäuschungen
Der Hypnotisierte sieht in tiefer Trance etwas, das real überhaupt
nicht existiert. Ein Gegenstand kann ihm als Mensch, ein Bleistift
als eine Maus und ein Hut als Wurst erscheinen, um einige der un-
begrenzt möglichen Erscheinungen durch Hypnose zu erwähnen.

An all diesen Manipulationsbeispielen in tiefer Trance wird erkennbar, wie abhängig der Hypnotisierte von seinem «Therapeuten» geworden ist. Dieser hat nun über ihn die volle Verfügungsge-
walt. Willenlos ist der Hypnotisierte zur Manipulation offen. Dies
bedeutet ein Zweifaches: Wie anfänglich zum Gelingen der Hypnose der Wille des Hypnotisierten zur Hypnose da sein musste, so
ist der Wille im Zustand der tiefen Hypnose ausgeschaltet und untauglich, sich jetzt etwa gegen einzelne Ansprachen durch den Therapeuten zu wehren. Dies geht so weit, dass die Hypnose nun auch
nur durch Ansprache beendet werden kann, womit der Patient vom
Therapeuten wieder in seine Alltagswirklichkeit zurückgeführt
wird.

Hypnose zeigt uns damit den Austritt des Menschen aus seiner
von ihm wahrgenommenen Welt und den Eintritt in eine ihm unbe-
kannte Welt. Was er in dieser erlebt, ist ihm vorher zu wissen unmöglich, geschweige denn während des Erlebens zu beeinflussen.
In dieser totalen Bewusstseinsveränderung des Menschen, die
durch seine willentliche Passivität und seine Hypnosebereitschaft
entstand und ermöglicht wurde, ist die Türe zur Manipulation von
Leib und Seele geöffnet. Hier, in dieser Situation, erhofft sich nun
der Mensch dem Menschen rechte Anweisungen, Steuerungen zu
geben, die seinen psychischen Störungen in seinem Alltagshandeln
entgegenwirken. Doch dies gelingt nur partiell und selbst dann noch
sehr begrenzt, bis schliesslich wieder der Rückfall in das alte
Krankheitsbild erfolgt und die Hypnosetherapie erneut ansetzen
muss. Die Abhängigkeit des Patienten von seinem Therapeuten
schreibt sich damit fort und wird immer massiver. Fremde Gedanken gewinnen in Befehlsform Macht über den nach Heilung seiner
kranken Seele sich sehnenden Menschen. Jetzt sehen wir auch, dass
die Einfallsmöglichkeiten des Okkulten nicht mehr weit entfernt

sind. Ob Freud wohl spürte, wie wenig ihm die Patientenabhängig-
keit zum plausiblen Heilerfolg seiner Theorie der menschlichen
Seele nützlich war? Schon nach kurzer Hypnoseanwendung nahm
Freud von der Hypnose, die zur tiefen Trance führt, Abstand. Jetzt
forderte er den Patienten in der Hypnose dazu auf, sich zu erinnern,
wann das Symptom, das seinem Krankheitsbild zugrunde lag, zum
ersten Mal aufgetreten sei. Dabei legte er Wert darauf, möglichst
viele Einzelheiten und Umstände zu erfahren, die veranschaulich-
ten, wann und wie es auftrat. Die Psychoanalyse war damit auf den
Weg gebracht. Stück für Stück wurde so die Lebensgeschichte des
behandelten Patienten aufgedeckt und von Freud bewertet. Das Ergebnis war und ist bis heute ein Scherbenhaufen menschlicher
Seele. Dies bewusst zu erkennen, ist für die meisten Patienten ein
grosses Problem.

Schon zu Freuds Zeit wurden seinem Hypnothismus Widerstände durch viele Ärzte entgegengebracht. Ein starker Gegner war
z. B. Professor Meynert, unter dem Freud am Allgemeinen Krankenhaus in Wien gearbeitet hatte. Er war der Überzeugung, dass der
Mensch im Zustand der Hypnose zu einem willen- und vernunftlo-
sen Wesen herabgesetzt werde und dass seine nervösen und psychischen Entartungen sich damit nur verschlimmern würden. Ferner
war er fest davon überzeugt, dass Heilungen durch Hypnose entweder Vorspiegelung von Tatsachen seien oder eine Selbsttäu-
schung aufseiten der Ärzte und Patienten. Die Geschichte der
Freudpatienten wird ihm Recht geben! Durch die Einwände Mey-
nerts ist eigentlich schon alles gesagt. Der Hypnotisierte muss sich
passiv verhalten, damit er überhaupt hypnotisierbar wird. Diese
Grundvoraussetzung zur Hypnose ist gleichzeitig ihr Grundübel,
denn der Mensch ist nun jeder Manipulation ausgesetzt und vor negativen Einflüssen nicht mehr sicher. Wer sagt ihm denn, dass nur
ein guter Geist auf ihn einredet? Untersuchungen zum Phänomen
des Okkultismus liegen vor, die in der Passivität des Menschen die
Ursache sehen, die es ermöglicht, dass «andere Geister» über seinen Geist Einfluss auf sein ganzes Wesen nehmen können. Demnach kann man nur dringend vor der Anwendung der Hypnose war-

nen. Wer sich ihr aussetzt, ist im wahrsten Sinne des Wortes «verloren und verlassen», dem Hypnotiseur ausgeliefert. Man möchte tiefsinnig werden, wenn man sieht, dass gerade in unserer Zeit, die zur Rationalität und Selbständigkeit des Menschen aufruft, der Aufschwung der Hypnosetherapie im Rahmen der Psychotherapie wieder neu beginnt. Der angeblich weise und allmächtige Mensch liefert sich wieder einem Ungewissen aus, dem er gestattet, Macht über sich zu gewinnen. Er läuft damit lieber in die Arme des Bösen als in die seines Schöpfers.

Wer nun einwendet, dass doch mittels der Hypnose organische Krankheiten und Krankheiten im psychosomatischen Bereich menschlicher Gebrechen leicht und ohne grossen medikamentösen Aufwand zu lösen seien, der möge sich die permanente Abhängigkeit des augenblicklich in tiefer Trance «Geheilten» zu seinem Arzt, Therapeuten oder Heilpraktiker vor Augen führen, denn mit der Zeit legt sich die Wirkung der unter Hypnose beeinflussten Magen-Darm-Peristaltik, und die Beschwerden treten wieder auf. Der Kranke läuft so in einem Kreis. Eine Hypnosesitzung nach der anderen spricht seine Krankheitsursache an. Diese verändert sich zunächst für den Patienten positiv, bis sich das Syndrom erneut einstellt und ihn auf den Weg zur Hypnose schickt. Statt Heilung des Menschen setzt so seine Versklavung ein.

Sehr schlimm wirken sich die Hypnosebefehle auf die gestörte Seele aus. Diese kann durch Hypnose so verformt werden, dass die Persönlichkeit und Identität des Menschen zerstört wird. Darum möchte ich Mut machen, entgegen dem Zeitgeist und neuesten Empfehlungen den Hypnosesitzungen zu entfliehen. In Gesprächen mit erfahrenen Psychiatern über Hypnose wurde mir der Manipulationscharakter der Hypnose bestätigt. So konnte ein Heiler in seiner 30-jährigen Erfahrung nicht ein einziges Mal Heilung durch Hypnose bestätigen. Dieses Ergebnis gilt ausnahmslos auch für Therapeuten, die Hypnose unter ethischen Absichten einsetzen und dann so argumentieren, dass eine hypnotische Sitzung dem Menschen besser helfe und ihm weniger schade, als Psychopharmaka dies tun. Wer den Manipulationsmechanismus der Hypnose durchschaut hat, steht vor der Frage, ob er bereit ist, sich mit aller Konsequenz in die Hand und Willensmacht eines anderen Menschen zu begeben.

Wer glaubt, diese Zeilen seien aus hochgradiger Naivität geschrieben, der beachte die folgenden Ausführungen bitte mit besonderer Sorgfalt; denn die Geschichte der Hypnose entpuppt sich als Geschichte der Manipulation durch den Geist des «Durcheinanderwerfers».

Im Jahre 1776 hatte in Wien ein angesehener Arzt mit Namen Franz Anton Mesmer eine neue Heilmethode entdeckt, die schon bald in der Medizin zu besonderer Bedeutung finden sollte. Mesmer behandelte seine Patienten durch Bestreichung und Berührung, wobei von ihm auf seine Patienten eine «heilende Kraft» überging. Er bezeichnete sie als animalischen Magnetismus. Erst lange nach Mesmer nannte der Engländer Braid diese Heilmethode Hypnose. Durch seine Methode wirbelte Mesmer viele Menschen auf. Seine Wunderkuren führten ihn zu einem ganz besonderen Fall. Eine hochbegabte Künstlerin, Maria-Theresia Paradies, Klaviervirtuosin und Komponistin, war seit ihrem vierten Lebensjahr unheilbar erblindet. Alle medizinischen Koryphäen der kaiserlichen Hauptstadt konnten ihr nicht helfen. Schliesslich kam sie zu Mesmer. Diesem gelang mit seiner Wunderkur das Unglaubliche – langsam begann sie wieder zu sehen. Heilung durch Okkultismus? Allem Anschein nach waren die Mesmerschen Kräfte übersinnlicher Art. Er magnetisierte Wasser, Teller, Kleider, Stühle und sogar Spiegel. Er stand im festen Glauben, dass die von ihm ausgehenden Kräfte etwas ebenso Reales seien wie die anderen Kräfte, die zu seiner Zeit durch James Watt, Volta und die Gebrüder Montgolfier seinen Zeitgenossen veranschaulicht wurden. Doch der Besessene merkte nichts von seiner Besessenheit. Über denen jedoch, die sich dunkler Mächte bedienen, um andere angeblich zu heilen, steht unmissverständlich das Gericht des gerechten und wahrhaftigen Gottes (Offenbarung 21,8)!

Der Geheimrat Goethe, ein Zeitgenosse Mesmers, liess in seinem «Faust» die hypnotischen Phänomene erneut erscheinen. Dem Okkulten werden die Wesenseigenschaften unmissverständlich, wenn auch in der Sprache der Poesie versteckt, aufgedeckt. Nachdem Faust sich vergeblich in den vier Fakultäten bemühte, ruft er aus: «Drum hab' ich mich der Magie ergeben!» Sehen wir wieder die Passivität? In dem Wort «ergeben» erscheint sie vor uns. So ergeben wird die Vernunft unterdrückt, um in das Reich der Magie, des Okkulten eindringen zu können. In Faust II, in der Helenaszene, heisst es:

> *«Empfanget mit Ehrfurcht sterngeströmte Stunden;*
> *durch magisch Wort sei die Vernunft gebunden!*
> *Dagegen weit heran bewege frei*
> *sich herrliche, verweg'ne Phantasei.*
> *Mit Augen schaut nun, was ihr kühn begehrt,*
> *unmöglich ist's, drum eben glaubenswert.»*

Die hier angesprochenen unbewussten Schichten menschlichen Seins sind nur unter dämonischer Führung erreichbar. «Die Lehren von übernatürlichen Phänomenen (Okkultismus) und der Beschwörung von Geistern (Spiritismus) hatten für Freud zu verschiedenen Zeiten besondere Anziehungskraft. Um 1910 herum unterstützte er die Erforschung des Okkulten durch seine Freunde Jung und Ferenczi und liess sogar zu, dass bei ihm im Hause unter der Leitung des Wahrsagers 'Professor Roth' eine spiritistische Sitzung durchgeführt wurde» (vgl. Kollbrunner, S. 245).

Der Verstand und der Wille des Menschen müssen Platz machen, um in die Welten der dämonischen Phantasie und Wirklichkeit Eingang zu finden. Müssen wir noch weitere Quellen der Hypnose nennen, um ihren dämonischen Ursprung zu zeigen?[16] Dass «Unbewusstes» zum menschlichen Leben gehört, wird nicht ausschliesslich durch die Hypnose bewiesen. Jeder Mensch hat hiervon eine Ahnung, die ihm durch die Tatsache seiner Träume vermittelt wird. Diese teilen ihm mit, dass er mehr an Wirklichkeit erfasst, als ihm jeweils durch sein Bewusstsein deutlich wird.

Freud kommt nach seinen Studien über Hysterie schon bald von der Hypnose zur freien Assoziation. Im weiteren Entwurf der Psychoanalyse wird sich immer mehr zeigen, dass sie mit Deutungen arbeitet, die subjektiv ihrem Denker Sigmund Freud entsprangen. Damit verlässt sie aber den Boden der Wissenschaft, die von allgemein überprüfbaren Fakten und Aussagen ausgeht.

Der Wissenschaftscharakter der Psychoanalyse ist sehr zweifelhaft. Psychoanalyse ist wohl mehr eine «Mythologie menschlicher Gefühle» als eine reale Beschreibung menschlicher Seele. Um dies zu bestätigen, wird uns Freuds «Traumdeutung» hilfreich sein.

2. Der Traum als Weg zum Unbewussten?

Zu allen Zeiten versuchten die Menschen, ihren Träumen mit Deutungen auf den Grund zu kommen. Schliesslich wachen sie von ihrem Schlaf mit der Möglichkeit auf, sich noch mit dem Traumerlebnis der Nacht beschäftigen zu können. Neue Untersuchungen zum Träumen des Menschen ergaben, dass jeder Mensch träumt, auch der, der sich nicht mehr an seinen Traum erinnern kann. Die Besonderheit des Traumes zeichnet sich durch die Vorherrschaft des Emotionalen, die mangelnde Unterscheidung von Umwelt und Ich, den undeutlichen Zeit- und Ortsbegriffen, dem assoziativen Denken und den vieldeutigen Bildern aus. Wer träumt, «putzt sein Gehirn» und verarbeitet so Eindrücke des Tages, die nicht ins unmittelbare Wachbewusstsein gelangt sind.

Für Freud war der Traum ein Ausdruck unbewusster Strebungen. Irrationale Wünsche motivieren seiner Meinung nach unser Traumleben. So sollen sich irrationaler Hass, Ehrgeiz, Eifersucht, Neid und insbesondere inzestöse oder perverse sexuelle Wünsche, die wir aus unserem Bewusstsein verdrängen, sich in unseren Träumen ihre Beachtung verschaffen. Damit wir hierdurch aber nicht in unserem Schlaf gestört werden, wenn unbewusste Dinge an die Oberfläche des Bewusstseins dringen wollen, bietet der Traum sich in zweifacher Weise an: Er ermöglicht die Erfüllung unserer irrationalen Wünsche und gewährt uns dabei unseren Schlaf. Darüber hinaus geht Freud in seinen Ansichten über die Träume in die frühe Kindheit des Menschen zurück. Unsere irrationalen Wünsche sind für ihn in unserer Kindheit verwurzelt. Hier verbindet Freud seine Auf-

59

fassung von der Irrationalität des Kindes mit den irrationalen Wünschen des Menschen. Wie kommt er dazu? Freuds Anschauungen über die Kindheit waren überaus negativ vorbestimmt. Das Kleinkind ist für ihn ein asoziales und amoralisches Wesen. Besonders gilt dies für dessen sexuelle Impulse. Nach seiner psychosexuellen Entwicklungsvorstellung konzentriert sich beim Säugling die sexuelle Energie (Libido) um die Mundregion, später steht sie im Zusammenhang mit der Stuhlentleerung, bis sie sich schliesslich auf die Genitalien konzentriert. Das Kleinkind ist ferner höchst eifersüchtig und voll destruktiver Absichten gegen seine Rivalen (Geschwister; aber auch je nachdem, ob Mädchen oder Junge, richtet sich für Freud die Rivalität gegen die Mutter bzw. den Vater – vgl. hierzu «Ödipuskomplex»). Freuds negative Sicht des Kleinkindes ist wesentlich durch die Anschauungen seiner Zeit bedingt. Die viktorianische Umwelt sah in den Kleinen nur das Unschuldige. Sexuelle Strebungen oder schlechte Impulse traute man den Kindern nicht zu. Dagegen erhebt Freud seine Stimme. Der Gesellschaft gibt er nun die Aufgabe, die schlechten Seiten in gute zu verwandeln. Gelenkt durch evolutionistisches, gottloses Denken, kann der Mensch sich nach Freud vom Bösen selbst erlösen. Welch ein Irrtum! Nach Freuds Traumdeutung sind alle negativen Trauminhalte stets kindlicher Natur und kommen aus irrationalen Strebungen. Freud schreibt hierzu:

«I ... Freund R. ist mein Onkel – Ich empfinde grosse Zärtlichkeit für ihn. II. Ich sehe sein Gesicht etwas verändert vor mir, es ist wie in die Länge gezogen, ein gelber Bart, der es umrahmt, ist besonders deutlich hervorgehoben. Dann folgen die beiden anderen Stücke. Wieder ein Gedanke und ein Bild, die ich übergehe.

Die Deutung dieses Traumes vollzog sich folgendermassen: Als mir der Traum im Laufe des Vormittags einfiel, lachte ich auf und sagte: Der Traum ist Unsinn. Er liess sich aber nicht abtun und ging mir den ganzen Tag nach, bis ich mir endlich am Abend Vorwürfe machte: 'Wenn einer deiner Patienten zur Traumdeutung nichts zu sagen wüsste als: Das ist Unsinn, so würdest du es ihm verweisen und vermuten, dass sich hinter dem Traum eine unangenehme Ge-

schichte versteckt, welche zur Kenntnis zu nehmen er sich ersparen will. Verfahr mit dir selbst ebenso; deine Meinung, der Traum sei ein Unsinn, bedeutet nur einen inneren Widerstand gegen die Traumdeutung. Lass dich nicht abhalten.' Ich machte mich also an die Deutung.

'R. ist mein Onkel.' Was kann das heissen? Ich habe doch nur einen Onkel gehabt, den Onkel Josef. (Es ist merkwürdig, wie sich hier meine Erinnerung – im Wachen – für die Zwecke der Analyse einschränkt. Ich hab fünf von meinen Onkeln gekannt, einen von ihnen geliebt und geehrt. In dem Augenblicke aber, da ich den Widerstand gegen die Traumdeutung überwunden habe, sage ich mir: Ich habe doch nur einen Onkel gehabt, den, der eben im Traum gemeint ist – Josef). Mit dem war's allerdings eine traurige Geschichte. Er hatte sich einmal, es sind mehr als dreissig Jahre her, in gewinnsüchtiger Absicht zu einer Handlung verleiten lassen, welche das Gesetz schwer bestraft, und wurde dann auch von der Strafe getroffen. Mein Vater, der damals aus Kummer in wenigen Tagen grau wurde, pflegte immer zu sagen, Onkel Josef sei nie ein schlechter Mensch gewesen, wohl aber ein Schwachkopf – so drückte er sich aus. Wenn also Freund R. mein Onkel Josef ist, so will ich damit sagen: R. ist ein Schwachkopf: Kaum glaublich und sehr unangenehm! Aber da ist ja jenes Gesicht, das ich im Traum sehe, mit den länglichen Zügen und dem gelben Bart. Mein Onkel hatte wirklich so ein Gesicht, länglich, von einem schönen blonden Bart umrahmt. Mein Freund R. war intensiv schwarz, aber wenn die Schwarzhaarigen zu ergrauen anfangen, so büssen sie für die Pracht ihrer Jugendjahre. Ihr schwarzer Bart macht Haar für Haar eine unerfreuliche Farbenwandlung durch; er wird zuerst rotbraun, dann gelbbraun, dann erst definitiv grau. In diesem Stadium befindet sich jetzt der Bart meines Freundes R.; übrigens auch schon der meinige, wie ich mit Missvergnügen bemerkte. Das Gesicht, das ich im Traum sehe, ist gleichzeitig das meines Freundes R. und das meines Onkels. Es ist wie eine Mischphotographie von Galten, der, um Familienähnlichkeit zu eruieren, mehrere Gesichter auf die nämliche Platte photographieren liess. (1907, 6 ff. und 221 ff.) Es ist also kein

*Zweifel möglich, ich meine wirklich, dass Freund R. ein Schwach-
kopf ist – wie mein Onkel Josef.*

*Ich ahne noch gar nicht, zu welchem Zweck ich diese Beziehung
hergestellt, gegen die ich mich unausgesetzt sträuben muss. Sie ist
doch nicht sehr tiefgehend, denn der Onkel war ein Verbrecher,
mein Freund R. ist unbescholten. Etwa bis auf die Bestrafung dafür,
dass er mit dem Rad einen Lehrbuben niedergeworfen. Sollte ich
diese Untat meinen? Das hiesse die Vergleichung ins Lächerliche
ziehen.*

*Da fällt mir aber ein anderes Gespräch ein, das ich vor einigen
Tagen mit meinem anderen Kollegen N., und zwar über das gleiche
Thema, hatte. Ich traf N. auf der Strasse; er ist auch zum Professor
vorgeschlagen, wusste von meiner Ehrung und gratulierte mir dazu.
Ich lehnte entschieden ab. 'Gerade Sie sollten sich den Scherz nicht
machen, da Sie den Wert des Vorschlags an sich selbst erfahren haben.' Er darauf wahrscheinlich nicht ernsthaft: 'Das kann man nicht
wissen. Gegen mich liegt ja etwas Besonderes vor. Wissen Sie nicht,
dass eine Person einmal eine gerichtliche Anzeige gegen mich er-
stattet hat? Ich brauche Ihnen nicht zu versichern, dass die Untersuchung eingestellt wurde; es war ein gemeiner Erpressungsver-
such; ich hatte noch alle Mühe, die Anzeigerin selbst vor Bestrafung
zu retten. Aber vielleicht macht man im Ministerium diese Angele-
genheit gegen mich geltend, um mich nicht zu ernennen. Sie aber,
Sie sind unbescholten.' Da habe ich ja den Verbrecher, gleichzeitig
aber auch die Deutung und Tendenz meines Traumes. Mein Onkel
Josef stellt mir da beide nicht zu Professoren ernannten Kollegen
dar, den einen als Schwachkopf; den anderen als Verbrecher. Ich
weiss jetzt auch, wozu ich diese Darstellung brauche. Wenn für den
Aufschub der Ernennung meiner Freunde R. und N. 'konfessionelle'
Rücksichten massgebend sind, so ist auch meine Ernennung in
Frage gestellt; wenn ich aber die Zurückweisung der beiden auf an-
dere Gründe schieben kann, die mich nicht treffen, so bleibt mir die
Hoffnung ungestört. So verfährt mein Traum; er macht den einen,
R., zum Schwachkopf; den anderen, N., zum Verbrecher; ich bin
aber weder das eine noch das andere; unsere Gemeinsamkeit ist*

aufgehoben, ich darf mich auf meine Ernennung zum Professor freuen und bin der peinlichen Anwendung entgangen, die ich aus R.'s Nachricht, was ihm der hohe Beamte bekannt, für meine eigene Person hätte machen müssen.

Ich muss mich mit der Deutung dieses Traumes noch weiter beschäftigen. Er ist für mein Gefühl noch nicht befriedigend erledigt, ich bin noch immer nicht über die Leichtigkeit beruhigt, mit der ich zwei geachtete Kollegen degradiere, um mir den Weg zur Professur frei zu halten. Meine Unzufriedenheit mit meinem Vorgehen hat sich allerdings gemässigt, seitdem ich den Wert der Aussagen im Traum zu würdigen weiss. Ich würde gegen jedermann bestreiten, dass ich R. wirklich für einen Schwachkopf halte und dass ich N.'s Darstellung jener Erpressungsaffäre nicht glaube ... Dennoch, ich wiederhole es, scheint mir der Traum weiterer Aufklärung bedürftig. Ich entsinne mich jetzt, dass der Traum noch ein Stück enthielt, auf welches die Deutung bisher keine Rücksicht genommen hat. Nachdem mir eingefallen, R. ist mein Onkel, empfinde ich im Traum warme Zärtlichkeit für ihn. Wohin gehört diese Empfindung? Für meinen Onkel Josef habe ich zärtliche Gefühle natürlich niemals gehabt. Freund R. ist mir seit Jahren lieb und teuer; aber käme ich zu ihm und drückte ihm meine Zuneigung in Worten aus, die annähernd dem Grad meiner Zärtlichkeit im Traume entsprechen, so wäre er ohne Zweifel erstaunt. Meine Zärtlichkeit gegen ihn erscheint mir unwahr und übertrieben, ähnlich wie mein Urteil über seine geistigen Qualitäten, das ich durch die Verschmelzung seiner Persönlichkeit mit der des Onkels ausdrücke; aber in entgegengesetztem Sinne übertrieben. Nun dämmert mir aber ein neuer Sachverhalt. Die Zärtlichkeit des Traumes gehört nicht zum latenten Inhalt, zu den Gedanken hinter dem Traume; sie steht im Gegensatz zu diesem Inhalt; sie ist geeignet, mir die Kenntnis der Traumdeutung zu verdecken. Wahrscheinlich ist gerade dies ihre Bestimmung. Ich erinnere mich, mit welchem Widerstand ich an die Traumdeutung ging, wie lange ich sie aufschieben wollte und den Traum für baren Unsinn erklärte. Von meinen psychoanalytischen Behandlungen her weiss ich, wie ein solches Verwerfungsurteil zu deuten ist. Es hat keinen Erkenntniswert, sondern bloss den einer Affektäusserung. Wenn meine kleine Tochter einen Apfel nicht mag, den man ihr angeboten hat, so behauptet sie, der Apfel schmeckt bitter, ohne ihn auch nur gekostet zu haben. Wenn meine Patienten sich so benehmen wie die Kleine, so weiss ich, dass es sich bei ihnen um eine Vorstellung handelt, welche sie verdrängen wollen. Dasselbe gilt für meinen Traum. Ich mag ihn nicht deuten, weil die Deutung etwas enthält, wogegen ich mich sträube. Nach vollzogener Traumdeutung erfahre ich, wogegen ich mich gesträubt hatte; es war die Behauptung, dass R. ein Schwachkopf ist. Die Zärtlichkeit, die ich gegen R. empfinde, darf ich nicht auf den latenten Traumgedanken, wohl aber auf dies mein Sträuben zurückführen. Wenn mein Traum im Vergleich zu seinem latenten Inhalt in diesem Punkte entstellt, und zwar ins Gegensätzliche entstellt ist, so dient die im Traum manifeste Zärtlichkeit dieser Entstellung oder, mit anderen Worten, die Entstellung erweist sich hier als absichtlich, als ein Mittel der Verstellung. Meine Traumgedanken enthalten eine Schmähung für R., damit ich diese nicht merke, gelangt in den Traum das Gegenteil, ein zärtliches Empfinden für ihn …

Ich setze an dieser Stelle die Deutung eines Traumes fort, aus dem wir bereits einmal neue Belehrung geschöpft haben, ich meine den Traum: Freund R. ist mein Onkel. Wir haben dessen Deutung so weit gefördert, dass uns das Wunschmotiv, zum Professor ernannt zu werden, greifbar entgegentrat, und wir erklärten uns die Zärtlichkeit des Traumes für Freund R. als eine Oppositions- und Trotzschöpfung gegen die Schmähung der beiden Kollegen, die in den Traumgedanken enthalten war. Der Traum war mein eigener; ich darf darum dessen Analyse mit der Mitteilung fortsetzen, dass mein Gefühl durch die erreichte Lösung noch nicht befriedigt war. Ich wusste, dass mein Urteil über die in den Traumgedanken misshandelten Kollegen im Wachen ganz anders gelautet hatte; die Macht des Wunsches, ihr Schicksal in betreff der Ernennung nicht zu teilen, erschien mir zu gering, um den Gegensatz zwischen wacher und Traumschätzung voll aufzuklären. Wenn mein Bedürfnis, mit einem anderen Titel angeredet zu werden, so stark sein sollte, so beweist dies einen krankhaften Ehrgeiz, den ich nicht an mir kenne, den ich ferne von mir glaube. Ich weiss nicht, wie andere, die mich zu kennen glauben, in diesem Punkte über mich urteilen würden; vielleicht habe ich auch wirklich Ehrgeiz besessen; aber wenn, so hat er sich längst auf andere Objekte als auf Titel und Rang eines Professors extraordinarius geworfen.

Woher dann also der Ehrgeiz, der mir den Traum eingegeben hat? Da fällt mir ein, was ich so oft in der Kindheit erzählen gehört habe, dass bei meiner Geburt eine alte Bäuerin der über den Erstgeborenen glücklichen Mutter prophezeit, dass sie der Welt einen grossen Mann geschenkt habe. Solche Prophezeiungen müssen sehr häufig vorfallen; es gibt so viele erwartungsfrohe Mütter und so viel alte Bäuerinnen oder andere alte Weiber, deren Macht auf Erden vergangen ist, und die sich darum der Zukunft zugewendet haben. Es wird auch nicht der Schade der Prophetin gewesen sein. Sollte meine Grössensehnsucht aus dieser Quelle stammen? Aber da besinne ich mich eben eines anderen Eindrucks aus späteren Jugendjahren, der sich zur Erklärung noch besser eignen würde: Es war eines Abends in einem der Wirtshäuser im Prater, wohin die Eltern den elf- oder zwölfjährigen Knaben mitzunehmen pflegten, dass uns ein Mann auffiel, der von Tisch zu Tisch ging und für ein kleines Honorar Verse über ein ihm aufgegebenes Thema improvisierte. Ich wurde abgeschickt, den Dichter an unseren Tisch zu bestellen, und er erwies sich dem Boten dankbar.

Ehe er nach seiner Aufgabe fragte, liess er einige Reime über mich fallen und erklärte es in seiner Inspiration für wahrscheinlich, dass ich noch einmal 'Minister' werde. An den Eindruck dieser zweiten Prophezeiung kann ich mich noch sehr wohl erinnern. Es war die Zeit des Bürgerministeriums, der Vater hatte kurz vorher die Bilder der bürgerlichen Doktoren Herbst, Giskra, Unger, Berger u. a. nach Hause gebracht, und wir hatten diesen Herren zur Ehre illuminiert. Es waren sogar Juden unter ihnen; jeder fleissige Judenknabe trug also das Ministerportefeuille in seiner Schultasche. Es muss mit den Eindrücken jener Zeit sogar zusammenhän-

gen, dass ich bis kurz vor der Inskription an der Universität willens war, Jura zu studieren, und erst im letzten Moment umsattelte.

Dem Mediziner ist ja die Ministerlaufbahn überhaupt verschlossen. Und nun mein Traum! Ich merke es erst jetzt, dass er mich aus der trüben Gegenwart in die hoffnungsfrohe Zeit des Bürgerministeriums zurückversetzt und meinen Wunsch von damals nach seinen Kräften erfüllt. Indem ich die beiden gelehrten und achtenswerten Kollegen, weil sie Juden sind, so schlecht behandle, den einen, als ob er ein Schwachkopf; den anderen, als ob er ein Verbrecher wäre, indem ich so verfahre, benehme ich mich, als ob ich der Minister wäre, habe ich mich an die Stelle des Ministers gesetzt. Welch gründliche Rache an Seiner Exzellenz! Er verweigert es, mich zum Professor extraordinarius zu ernennen, und ich setze mich dafür im Traum an seine Stelle.»[17]

Gerade der soeben angeführte Traum und seine Deutung zeigt, wie streng Freud zwischen dem Kind in sich und sich selbst einen Trennungsstrich zieht. Damit verleugnet er aber einen Teil der zu ihm gehörenden Geschichte und wirkt dadurch höchst unglaubwürdig.

Der Traum ist für Freud eine Erfüllung irrationaler Wünsche, und zwar speziell sexueller Wünsche, die ihren Ursprung in der frühen Kindheit haben. Entsprechend dieser rein subjektiven Deutung werden auch die Traumsymbole von ihm gedeutet. Zugegeben, Träume «sprechen» in Symbolen. Die Traumsprache ist eine Symbolsprache, deren Deutung individuell ausfällt. Hier taucht ein Problem auf. Solange – und es ist nicht davon auszugehen, dass sich dies ändert – die Traumsymbole nicht einer allgemeinen Entschlüsselung und Bedeutung unterzuordnen sind, bleiben sie subjektiv deutbar und nicht allgemein. Dies hat zur Folge, dass ein Austausch über den subjektiven Traum kaum möglich ist. Der Träumer deutet seinem Gegenüber sein Traumerlebnis. Dieser hört zu – mehr oder weniger kann er die Traumbotschaft für sich annehmen. Sie wird ihm eine Information über die Wahrnehmung von Wirklichkeit durch den Träumer bleiben. Für dessen Leben und Persönlichkeit wichtig, für ihn, den Zuhörer, jedoch nur teilnehmend wichtig, nicht existenziell, sofern er nicht unmittelbar selbst Trauminhalt des Träumers war. Dies ist meine Meinung zur Möglichkeit der Traumdeutung.

Träume und Trauminhalte stellen für uns eine Sprache, eine Information dar, die jede Art von Gefühl und Gedanken, aber auch Mitteilung von Gott oder Satan zum Ausdruck bringt. Diese umfassende Traumbedeutung kennt Freud nicht. Für ihn sind Träume lediglich Artikulationen primitiver, triebhafter Wünsche des Menschen. Sexuelle Elemente und Grunderfahrungen des Kleinkindes sieht er im Traum verwirklicht. Seine Phantasie kommt an dieser Stelle nicht zu ihrem Ende. Das männliche Geschlechtsorgan erscheint für Freud durch Stöcke, Bäume, Regenschirme, Messer, Bleistifte, Hämmer, Flugzeuge und viele andere Gegenstände repräsentiert, die dieses durch ihre Gestalt oder Funktion darstellen sollen. Ähnlich wird das weibliche Genital durch Höhlen, Flaschen, Kästen, Türen, Schmuckdosen, Gärten, Blumen usw. dargestellt. Die sexuelle Lust erscheint in Verhaltensweisen des Tanzens, Reitens, Kletterns und Fliegens. Das Ausfallen von Haaren und Zähnen bezieht Freud auf eine symbolische Darstellung der Kastration. Vater und Mutter sind für ihn als König und Königin, Kaiser und Kaiserin im Traum präsent. Dementgegen erscheinen die Kinder als Tiere.

All dies vermittelt uns nicht den Eindruck einer wissenschaftlichen Traumdeutung, sondern einer willkürlich erdachten Symbolbedeutung für die Traumsprache. Dies ändert sich auch dann nicht, wenn Freud komplizierte Mechanismen für die Traumarbeit einführt. Er spricht in diesem Zusammenhang gerne von Verdichtung, Verschiebung und sekundärer Verarbeitung. Lediglich mit Einschränkung der göttlichen bzw. satanischen Traummitteilung können wir mit Freud die Auflösung des Traumes durch ein gegenwärtiges Ereignis vom Tage oder Abend vor dem Traum annehmen.

Da Freuds Traumdeutung spekulativ und allein auf sexuelle Bedeutung abgestellt ist, müssen wir sie als irreal ablehnen. Sicher erscheinen im Traum auch sexuelle Verarbeitungen von Erlebtem – doch nicht ausschliesslich. Freuds Traumdeutung führt den Menschen auf Abwege. Er zeigt ihm eine Lebenswirklichkeit, die ihn an seinem eigentlichen Leben vorbeiführt.

Ich gehe davon aus, dass der «ganze» Mensch (Leib – Seele – Geist) im Traum erscheint und von diesem auch nicht verleugnet wird. Mit Erich Fromm nehme ich ferner an, dass im Traum unbewusste Aufnahmen von Realität verarbeitet und dem Menschen, während dieser «abschaltet», mitgeteilt werden. Die Seele des Menschen verleiht sich im Traum Ausdruck von kurz oder schon länger Zurückliegendem, was dann durch einen erlebten Anlass erneut wach wird. Unausgesprochene Eindrücke, nicht geäusserte Gefühle usw. kommen in unseren Träumen für uns zu Bewusstsein. Dies jedoch erst dann, wenn wir auf unsere Träume achten. Nicht jeder Traum ist uns am Morgen noch bewusst. Wir wissen aber, dass wir jede Nacht träumen. Ist demnach den uns bewussten Träumen besondere Aufmerksamkeit zu widmen? Fragen über Fragen tun sich auf. Wir stehen hier auf Neuland, wenn wir den Spekulationen Freuds und anderer Psychoanalytiker keine Beachtung geben. Die Erfahrung lehrt uns, dass unsere Träume mit uns und unserem Leben zu tun haben. Sicher zeigen sie auch, dass wir Dinge, die zwischen uns und einem anderen Menschen stehen, nicht wegschieben können, seien es positive oder negative Beziehungsinhalte. Wenn wir sagen, dass unsere Träume zur Sprache unserer Seele gehören, so müssen wir ihre Deutungen in dem Zustandsbereich dessen sehen, der unsere Seele geschaffen hat und sich ihre Heilung vorbehält. Sicher macht es sich auch im Traum bemerkbar, ob jemand an seiner Seele gesund oder krank ist.

Freuds Traumdeutungen sind wegen ihrer starken Subjektivität und Spekulativität unbrauchbar. Sie zeigen lediglich auf ihre Weise auf den Menschen Sigmund Freud in seiner ganzen Rat- und Hilflosigkeit; denn jemand, der auf menschliche Lebensfragen antworten will, muss seinen Antworten eine Lebensmöglichkeit geben. Allein bei mir und meinen Träumen darf ich zutreffend berichten, dass sie Freud permanent widerlegen. Nur jemand, der krankhaft und einseitig sein ganzes Leben dem Sexus widmet, kann den Traumsymbolbedeutungen Freuds folgen. Jeder jedoch einigermassen ausgeglichene Mensch wird ihnen nicht zustimmen können. Um zu einer vorläufigen, allgemeinen Bestimmung über Wesen und Sinn der Träume zu kommen, schauen wir in die Bibel. Von ihr können wir mit gutem Grund sagen, dass sie menschliches Leben voll bejaht und über dieses wahre und zutreffende Aussagen zu machen weiss; denn Gott, der Schöpfer allen Lebens, zeigt hier seine Gedanken und Absichten.

Die Bibel berichtet an etlichen Stellen von Menschen, die in ihren Träumen eine Information von Gott bekamen (1. Mose 20,3; 1. Mose 31,11; 1. Kön. 3,5). Die Anlässe für die Traumbotschaften waren verschieden. Denken wir z. B. an den König Abimelech. Er wollte Sara, Abrahams Frau, die dieser aus Angst für seine Schwester ausgegeben hatte, für sich gewinnen. Nichts ahnend liess Abimelech sie zu sich holen. Im Traum teilte Gott ihm dann mit, dass Sara schon eine verheiratete Frau sei. Der König erhielt im Traum eine Information, die ihm bisher in seiner Wahrnehmung von Wirklichkeit verborgen war. Hieran erkennen wir, dass Gott im Traum dem Menschen eine Botschaft übermitteln kann, auf die dieser im Vollzug seiner Taten nicht alleine, es sei denn nach der Tat, gekommen wäre. Die Traumbotschaft bewahrte den Menschen Abimelech vor bösen Folgen. Ähnlich erging es Josef. Im Traum erfuhr er von der drohenden Gefahr durch Herodes. Der Traumbotschaft gehorchend, suchte er mit Maria und dem Kind Zuflucht in Ägypten. Allgemein gesprochen zeigen diese Träume zukünftiges Geschehen an und versetzen den Menschen in die Lage, sich – gehorsam der Traumbotschaft Gottes – auf das kommende Ereignis einzustellen.

Andererseits zeigt der Prediger, was die Träume des Menschen mit der Verarbeitung seiner Wirklichkeit zu tun haben. Er sagt: «Denn wo viel Mühe ist, da kommen Träume ...» (Prediger 5,2), oder an anderer Stelle: «Wo viele Träume sind, da ist Eitelkeit und viel Gerede ...» (Prediger 5,6). Ohne diese Aussagen allzusehr aus ihrem Textzusammenhang zu isolieren, erkennen wir durch sie doch ein Verhältnis. Dieses besteht in vielem, schnellen Reden, das oft Mühe macht, wieder geradegesetzt zu werden, und dem Egoismus des Menschen.

Träume, so sagten wir vorhin, reflektieren unsere Gefühle, spiegeln erlebte Situationen im zwischenmenschlichen Bereich wider. Stellen wir uns nun jemanden vor, der sich durch viel Gerede bei seinen Nachbarn und Kollegen in Beziehung bringen will. Sofern er immer redet und die anderen kaum zu Worte kommen, ist ihm sein «Ankommen» bei den anderen unbekannt. Im Traum wird er später seine Unsicherheit, sein Nichtangekommensein bemerken. Diese und ähnliche Erfahrungen machen wir in unseren Träumen, die uns über unsere Beziehungen, Einstellungen und «Gefühlsmeinungen» zum anderen Menschen aufklären.

Die Bibel zeigt uns, dass Träume zum Leben des Menschen gehören. (vgl. auch «Das Drogenproblem», Berneck 1984, von Prof. Wilder Smith, wo gründlich auf die verschiedenen Bewusstseinszustände des Menschen eingegangen wird.)

Grundsätzlich sei jedoch vor Traumdeutern gewarnt. Nicht umsonst sagt der Prophet Jeremia: «So hört doch nicht auf eure Propheten, Wahrsager, Traumdeuter ...» (Jeremia 27,9). Am Beispiel Freuds sehen wir, wie Recht der Prophet mit seinen warnenden Worten hat; denn wer dem Traumdeuter glaubt, folgt den von diesem vorgelegten Deutungen und hat in seinem Leben mit den hieraus entstehenden Konsequenzen zu rechnen.

3. Bestimmt die Sexualität den Menschen?

Die Sexualität des Menschen deutet umfassend die Gesamtheit seiner Lebensäusserungen, die aus seinem Geschlechtstrieb entspringen. Beim Menschen wird die Sexualität nicht ausschliesslich von seinen Geschlechtshormonen geleitet, sondern findet innerhalb seiner Persönlichkeit durch Vernunft und Ethik eine Gestalt. Damit ist er in der Lage, seine Triebregungen zu steuern und sie zu formen; nur er bestimmt, wie sie zu ihrer Befriedigung kommen sollen. Sexualität dient dem Menschen nicht ausschliesslich zur Arterhaltung und Fortpflanzung, sondern wird zu einem wichtigen Bestandteil seiner Persönlichkeit. Im 19. Jahrhundert setzte sich die Sexologie, die mit der Erforschung der Sexualität und des Sexualverhaltens des Menschen befasst ist, als eine wissenschaftliche Disziplin durch.

Beschreibt man die Geschichte der Sexologie ab dem 19. Jahrhundert, so stösst man auf Zeitgenossen Freuds, die ihm durchaus bekannt waren. Begriffe und Konstruktionen der Sexologie wie Libido, Partialtrieb, erogene Zonen, Autoerotismus und Narzissmus sind zwischen 1880 und 1890 von Sexologen geschaffen worden. Namen wie Henry Moudsley (1867), Friedrich Schnalz (1891), Paul Sollier (1891), Wilhelm Stekel (1895), Karl Gross (1899), Hermann Rohleder (1901) und Iwan Bloch (1920) sind hier zu nennen.

Damit ist angezeigt, dass Freud sich mit seiner Sexologie durchaus in der Begrifflichkeit der vorherrschenden wissenschaftlichen Erkenntnisse zur Sexualität des Menschen bewegte. Besonders Richard von Krafft-Ebing (1840–1902), der als Professor der Psychiatrie ein Kollege von Freud in Wien war, wirkte mit seiner Sexualpathologie auf Freud. Durch sein «Lehrbuch der Psychiatrie auf klinischer Grundlage» (1879–1880) wurde er weltweit bekannt.

Einige Jahre später wurde sein Bekanntheitsgrad durch sein Werk «Psychopathia sexualis» (1886) noch erweitert. Diese Abhandlung wurde in sieben Fremdsprachen übersetzt und erfuhr noch zu Lebzeiten des Autors zwölf Auflagen. In diesem Werk führt er aus, dass das sexuelle Gefühl die Hauptgrundlage allen gesellschaftlichen Lebens sei. Ethik, Ästhetik, ja sogar religiöses Empfinden haben seiner Anschauung nach ihre tiefsten Wurzeln im sexuellen Gefühl.[18] Wenn wir gleich herausarbeiten, dass Freud alles auf den Sexualtrieb zurückführt, so hat er in Krafft-Ebing einen treuen Zeugen.

Liest man Freuds «Drei Abhandlungen zur Sexualität» (1905) vor dem Hintergrund der bereits vor ihm bestehenden und neben ihm erscheinenden Ideen und Positionen zur Sexologie, so lassen sich seine Abhandlungen als eine umfassende Verknüpfung von diesen lesen. Darüber hinaus liefern sie aber psychoanalytische Neuerungen und Begriffserweiterungen, die in ihrer Tradition Freud einen hohen Stellenwert zur Sexologie einräumen. Was hatte Freud Neues zu sagen, wie ist seine Sexologie zu verstehen?

1. Im Rahmen eines entwicklungsorientierten Konzeptes der Libido formuliert Freud ein biologisch-darwinistisches Konzept der Sexualität (Infantile Sexualität).
2. Mit Stekel (1895), Bölsche (1898–1903) und Hall (1904) bezieht sich Freud auf Ernst Haeckels biogenetisches Grundgesetz. Dieses besagt, dass die Individualentwicklung des Menschen (Ontogenese) die Stammesgeschichte des Menschen (Phylogenese) wiederhole. Die Sexologen und mit ihnen Freud wenden dieses «Gesetz» nun auf die sexuelle Entwicklung an.
3. Der Zweigeschlechtlichkeit (Bisexualität) billigt Freud wiederum mit anderen, z.B. mit Krafft-Ebing (1895), eine entscheidende Bedeutung für die psychosexuelle Entwicklung des Menschen zu.
4. Die Umwelt des Menschen findet in Freuds Erklärung der sexuellen Perversion eine entscheidende Bedeutung.

Nach diesen Gesichtspunkten schrieb Freud eine Sexologie, die evolutionistisch formuliert ist und zur Grundlage menschlichen Lebens überhaupt wird. In den Abhandlungen wendet sich Freud gegen die Unschuld kleiner Kinder. Er beschreibt entgegen dem ihm begegnenden Zeitverständnis ihre Triebe und bezeichnet diese als Ursprung für die Perversionen der Erwachsenen.[19]

Nach Freuds Sexologie bestimmt die Sexualität den Menschen, nicht der Mensch seine Sexualität; er wird zum Tier, da er, gesteuert von seinem Sexualtrieb, diesem widersprüchlich ausgeliefert ist. Kommt Freud dieser Auslieferung durch Gedanken der Kanalisation der Triebe entgegen, sodass kulturelle Leistungen wie Philosophie, Kunst und Technik seiner Ansicht nach aus der Sexualität entstehen, so müssen wir in seinen Ausführungen die Entwürdigung des Menschen und die Vergewaltigung seiner Seele sehen.

Andererseits erfand Freud eine Entschuldigung für jederlei sexuelles Fehlverhalten. Homosexualität, in unserer Zeit sogar gesellschaftlich akzeptiert und nicht mehr als widernatürliches Verhalten angesehen, findet über ihn zur Etablierung menschlich bisexuellen Verhaltens. Doch spätestens hier müssen wir aufhorchen. Werden mit diesen Wertungen nicht Lebensordnungen umgestossen, das Krankhafte, Falsche als das Gesunde und Richtige hingestellt? Was eigentlich sagen die Eheleute hierzu? Ist es nicht ein gewaltiger Angriff gegen ihr Sexualleben? Gegen die Verwirrung auf diesem Gebiet helfen zur Orientierung und Neuordnung Gottes Ordnungen und Informationen, wie sie in der Bibel vorliegen. Hier lesen wir zum Beispiel: «Denn was man von Gott erkennen kann, ist unter ihnen offenbar; Gott hat es ihnen offenbart. Denn Gottes unsichtbares Wesen, das ist seine ewige Kraft und Gottheit, wird ersehen seit der Schöpfung der Welt und wahrgenommen an seinen Werken, sodass sie keine Entschuldigung haben» (Römer 1,19 und 20).

Dieses Wort gilt auch für Sigmund Freud. Er stellt jedoch gegen den erkennbaren Gott sich selbst, womit ihm sein Denken zum Massstab wurde. So trifft ihn und sein Werk auch folgende Konsequenz: «Sie wussten, dass ein Gott ist, und haben ihn nicht gepriesen als einen Gott, noch ihm gedankt, sondern haben ihre Gedanken dem Nichtigen zugewandt, und ihr unverständiges Herz ist verfinstert. Da sie sich für weise hielten, sind sie zu Narren geworden und haben verwandelt die Herrlichkeit des unvergänglichen Gottes in ein Bild gleich dem eines vergänglichen Menschen und der Vögel und der vierfüssigen und kriechenden Tiere» (Römer 1,21–23).

Der sich zum Gott erhebende Mensch wird zum Narren, wenn er zu menschlichem Leben Stellung nimmt. Die Freudsche Sexologie ist hierfür ein Beispiel. Erkenntnis wird pervertiert, wenn sie von ihrer eigentlichen Quelle, die in Gott liegt, auf sich selbst konzentriert bleibt. Wahre Erkenntnis aber führt den Menschen über sich hinaus und lässt ihn auf Gott schauen. Interessant ist in diesem Zusammenhang die logische Folge, dass die menschliche Massgabe der Erkenntnis immer nur weiter ins Abseits führt.

Aus dieser Haltung, die Gott verleugnet und sich selbst damit erhebt, folgt Verirrung, Masslosigkeit. Dies trifft dann auch die sexuelle Seite menschlichen Verhaltens in dem von uns erwähnten Beispiel der Homosexualität.

«Darum hat sie auch Gott dahingegeben in ihrer Herzen Gelüste, in Unreinigkeit, zu schänden ihre eigenen Leiber an sich selbst. Sie, die Gottes Wahrheit verwandelt haben in Lüge und haben geehrt und gedient dem Geschöpf statt dem Schöpfer, der da gelobt ist in Ewigkeit. Amen. Darum hat sie Gott auch dahingegeben in schändliche Lüste; denn ihre Weiber haben verwandelt den natürlichen Umgang in den unnatürlichen; desgleichen auch die Männer haben verlassen den natürlichen Umgang mit dem Weibe und sind aneinander entbrannt in ihren Lüsten und haben Mann mit Mann Schande getrieben und den Lohn ihrer Verirrung, wie es ja sein musste, an sich selbst empfangen» (Römer 1,24–27).

Wenn wir die Aussagen der Bibel für unser Leben wieder ernst nehmen, so sehen wir, wie sie uns Zusammenhänge ordnen und damit den Weg zur Umkehr eröffnen.

Im Rahmen von Freuds psychosexueller Entwicklungsvorstellung taucht der Begriff «Ödipuskomplex» auf. Was ist hierunter zu verstehen?

Nach Freuds Vorstellung ist mit dem Erwachen sexueller Wünsche im frühen Alter von vier oder fünf Jahren bei dem kleinen Jungen eine intensive sexuelle Bindung an seine Mutter festzustellen. Auf diese konzentrieren sich dann auch seine sexuellen Wünsche. Er will die Mutter für sich alleine haben, wodurch er mit seinem Vater in Rivalität gerät.

«So entwickelt er eine Feindseligkeit gegen den Vater, möchte an seine Stelle treten und ihn letzten Endes beseitigen. Mit dem Gefühl, den Vater zum Rivalen zu haben, entwickelt der kleine Junge auch eine Angst, von ihm kastriert zu werden.»

Freud bezeichnete diese Konstellation als Ödipuskomplex, weil im griechischen Mythos Ödipus sich in seine Mutter verliebte; den unerkannten Vater erschlug er im Zweikampf, ohne zu wissen, dass die von ihm geliebte Frau seine eigene Mutter war.

Nun ist Freud zuzugestehen, dass er die Bindung des Kindes an seine Mutter in grosser Intensität sah. Die Entwicklungspsychologie der letzten Jahrzehnte betont ebenfalls die starke Bindung des Kindes an die Mutter. Auch Ergebnisse der Verhaltensforschung bestätigen die grosse Bedeutung der Mutter-Kind-Beziehung im Tierreich.[20]

Doch damit ist nicht grundsätzlich die sexuelle Bindung gemeint. Die Bindung an die Mutter ist die Voraussetzung dafür, dass sich der im Werden begriffene Mensch vertrauensvoll mit seiner Welt auseinander setzen kann.

Das «Urvertrauen», das ihm durch seine Mutter vermittelt werden kann, ist für das Kleinkind eine seelische Stütze, um mutig seine Welt zu erobern. Das voraussetzungslose Sichverlassenkönnen auf die Mutter ist ungemein wichtig für die Entwicklung zur Persönlichkeit.

Dies wird äusserlich verstärkt durch die ständige Anwesenheit der Mutter. Sie gibt dem Kind Nahrung, beruhigt es, wenn es weint oder ängstlich ist, sie sorgt für ihr Kleines leiblich, seelisch und geistig. Die Prägung auf die Mutter (oder sonstige erste Bezugsperson) ist damit ganz klar ausgewiesen. Der Vater kommt erst später in seiner Bedeutung für das Kind zu Bewusstsein. Vom vierten oder fünften Lebensjahr an kann er die Aufgabe der Unterweisung, des Vorbildes und der intellektuellen bzw. moralischen Entwicklung des Kindes ausführen. Vater und Mutter sollen damit jeweils ihre spezifischen Aufgaben für den heranwachsenden Menschen wahrnehmen. Fallen Mutter und Vater für das kleine Menschenkind als Bezugspersonen aus, so leidet das Kind an Leib und Seele.

Psychosen und eine Entwicklungshemmung im Bereich von Denken und Umweltwahrnehmen stellen sich häufig als Folgen ein. Doch was hat all dies mit Sexualität zu tun? Zunächst überhaupt nichts!

Beachten wir die Lebensgeschichte Freuds, so wird deutlich, dass die Ödipusentwicklung innerhalb seiner Sexualtherapie auf sein eigenes Leben Antwort gibt. Der frühe Verlust seiner ersten Bezugsperson (Kinderfrau) und die spätere Neubindung an seine leibliche Mutter sind in diesem Zusammenhang entscheidend. Die allgemeine Behauptung eines Ödipuskomplexes bei Jungen lässt sich nicht halten. Sie entpuppt sich vielmehr als eine Freudsche Mythologie, die zudem noch ungerechtfertigterweise einen Bezug zum Ödipusmythos der Griechen nimmt.

Wie Erich Fromm genau zeigte (1982²), lassen sich Freuds Schlüsse auf der Grundlage der Sophokles-Trilogie nicht nachvollziehen, da sie nur den ersten Teil mit «König Ödipus» berücksichtigen, den Ausgang der ganzen Geschichte (Teil II «Ödipus auf Kolonos»; Teil III «Antigone») jedoch missachten. Liest man Sophokles, so lassen sich keine Hinweise finden, dass Ödipus sich zu Jokaste hingezogen fühlte. Widerspiegelt die Trilogie auf den ersten Blick etwas von dem Hass zwischen Vater und Sohn in einem vaterorientierten Gesellschaftssystem, so wird bei näherer Textinterpretation deutlich, dass Sophokles mit seiner Trilogie den Konflikt zwischen der mutterorientierten und der älteren mutterorientierten Welt darstellen wollte. Mit diesem Ergebnis führt erneut eine wichtige Freudsche Entdeckung ins Abseits. Es ist geradezu absurd, auf der Sophokles-Trilogie einen Ödipuskomplex aufbauen zu wollen. Rivalisiert der kleine Junge wirklich einmal gegen den Vater, weil er sich durch diesen den Verlust seiner Mutter errechnet, so haben sich die Eltern die Frage zu stellen, ob sie sich ihrem Kind gegenüber recht verhalten. Lieben Vater und Mutter sich von ganzem Herzen, sodass ihre Umgebung dadurch angesteckt wird, so blüht in dieser Atmosphäre ein Kind auf; denn solche Liebe nimmt den anderen nicht zum Objekt seiner Triebe, sondern achtet ihn, hilft ihm und opfert sich für ihn.

4. Vom Narzissmus zur Ich-Psychologie

Neben dem Ödipuskomplex, den Freud aus der Sophokles-Trilogie ableitete, erscheint im Werk Freuds ein weiterer Begriff, der Bezug zu den griechischen Mythologien nimmt. Es ist der Begriff des Narzissmus. Was haben wir unter diesem Begriff zu verstehen? Für Freud gibt es grundsätzlich zwei entgegengesetzte Weisen, mit deren Hilfe sich der Mensch in seinem Leben Orientierung verschafft:

a) seine Liebe, das, was ihm am Herzen liegt, seine Libido (sexuelle Energie) richtet sich auf ihn selbst;

b) sie richtet sich auf seine Aussenwelt, auf Menschen, Ideen, auf die Natur oder die Dinge, die Menschen herstellen.

Auf der Tagung der Wiener Psychoanalytischen Gesellschaft im Jahre 1909 besprach Freud den Narzissmus als ein Zwischenstadium zwischen der Autoerotik und der Objektliebe.

Nicht die sexuelle Liebe zum eigenen Körper, wie sie 1899 von Näcke mit dem Begriff des Narzissmus belegt wurde (er, nicht Freud, führte diesen Begriff in die Diskussion ein), ist für Freud mit Narzissmus gemeint, sondern für ihn ist der Narzissmus eine Ergänzung des Selbsterhaltungstriebes.

Psychose als ein Zustand von extremem Narzissmus war die eine Begründung für ihn. Die andere war die Entwicklung des Kleinkindes. Freud nahm an, dass sich das Kind im Augenblick seiner Geburt in einem vollständig narzisstischen Zustand befinde.

Dass der Narzissmus, den wir auch mit Selbst-Verliebtheit übersetzen können, jedoch das Gegenteil von Liebe ist, thematisierte Freud nicht. Damit aber gab er seinem Begriff eine Wirkung, die den Egoismus förderte, statt ihn anzuprangern. Um dies besser zu verstehen, müssen wir den narzisstischen Menschen kennzeichnen: Fromm beschreibt ihn treffend als einen Menschen, der nur seine eigene Person sieht und alles mit ihr verbindet: Gefühle, Gedanken, Ehrgeiz, Wünsche, Körper, Familie, rein alles, was er hat und was ihn ausmacht. «Was er glaubt, ist wahr, eben weil er es glaubt. Selbst seine schlechten Eigenschaften sind etwas Schönes, weil es seine Eigenschaften sind. Alles, was sich auf ihn bezieht, hat Farbe und volle Realität. Jeder und alles ausserhalb von ihm ist grau, hässlich, farblos und kaum existent.» Mit dieser Charakterisierung des narzisstischen Menschen erscheint Freud selbst vor uns. Er war ein narzisstischer Mensch in reinster Form. Neben und ausserhalb von ihm gab es kaum etwas, was er sich nicht zu Eigen machte und entsprechend seiner Theorie deutete. Hält man am Narzissmus fest, so macht man sich selbst zum Gott. Gegen diese Lebensauffassung steht der Aufruf Jesu, den Nächsten zu lieben wie sich selbst. Die Evangelien, die in klarer Sprache anschaulich das Leben Jesu schildern, zeigen, dass wahres Leben ein Leben der Hingabe für den anderen ist. Dies aber ist nur dem möglich, der sein Leben Jesus Christus ausgeliefert hat. Mit der Sündenvergebung erscheint dem verlorenen und nur sich selbst liebenden Menschen die Liebe Gottes. Wer sich durch das Blut Jesu reinwaschen lässt von seinem Egoismus, ist ein Mensch, der weiss, dass er geliebt wird. Dieses Wissen macht ihn frei von sich selbst und öffnet ihm Wege zu den Menschen um ihn herum. Wer Gott in seinem Leben durch seinen Sohn am Kreuz von Golgatha begegnet ist, der überwindet den Narzissmus und kommt zu einer Persönlichkeit, die Platz für andere hat. Damit trennt er sich von dem Weg der Freudschen Persönlichkeitspsychologie und geht in seinen Fragen nach einer Persönlichkeit der echten Liebe den Weg der Nachfolge Christi.

Freud baut auf seiner narzisstischen Ich-Definition weitere Teile der menschlichen Persönlichkeit, «Über-Ich» und «Es» genannt, auf. Wir folgen diesen hier nicht, sondern verweisen lediglich auf ihre falsche Grundannahme (nachzulesen in meinem Buch «Aggression – Das Böse», Berneck 1983, Seiten 131–135). Ein Mensch, der Persönlichkeit wie Freud definiert, setzt sich und seine Persönlichkeitslehre absolut. Neben und über ihm hat nichts Platz. Er ist versklavt in eigenen Trieben, Triebdefinitionen und Triebbefriedigungen. Er wird zu einer Persönlichkeit, die nur den «Kampf ums Dasein» mit den anderen Persönlichkeiten sieht. Hier ist dann zu fragen, ob er überhaupt etwas Persönliches dem anderen Menschen mitzuteilen hat, da dieser solche Persönlichkeitsoffenbarung ja bei sich selbst erfährt. «Homo homini lupus», der Mensch wird dem Menschen zum Wolf, dies ist das Ergebnis der Freudschen Persönlichkeitsvorstellung.

Jesus Christus ruft seine Jünger jedoch zu sich, um aus ihnen Menschen zu machen, die in ihrer Persönlichkeit dem anderen Menschen die Einzigartigkeit ihrer Geschöpflichkeit zeigen. Freud hingegen fordert nicht heraus, sondern bestätigt den Egoismus, die Sünde, das «ich will» entgegen dem «ich will, wie du es mit mir willst».

Kann uns dieses Ergebnis erschüttern? Es liegt auf der Linie der Selbstherrlichkeit, des Besserwissens eines machtgierigen und die Wahrheit von sich aus bestimmenden Menschen. Ein solcher Mensch kann niemals anders als «menschlich» (und das heisst hier verwirrend) denken und damit andere verführen. Da er nicht über sich hinausschaut und die Chance einer Blick- und Denkwendung nicht zulässt, kann er nur Sünde aufdecken. Freuds Theorie enthält zum grossen Teil eine präzise Schilderung des Menschen ohne Gott, des Menschen der Sünde, der Gottesferne.

5. Der Mensch – eine Triebmaschine?

Wie wir schon in Freuds Lebensbeschreibung erwähnten, stammte seine wissenschaftliche Betrachtungsweise aus der Anatomie und der Physiologie des Nervensystems. Da sie zudem durch die Helmholtzsche Schule physikalisch-materialistisch geprägt war, verwundert es nicht, Freuds Gedanken über den Menschen hierin konsequent eingeschlossen zu finden. Alles Organische wird auf die mechanischen Kräfte der Anziehung und Abstossung reduziert. Der Mensch erscheint als Maschine. Freud geht materialistisch an die Deutung des Psychischen. Er konstruiert einen der physiologisch-biologischen Theorie entsprechenden Wissenschaftsrahmen für die Psychologie und entwirft den so genannten psychischen Apparat.

Entsprechend den physiologischen Energien spricht er von psychischer Energie (Libido). Von der Biologie übernimmt er die Vorstellung von körpereigenen Triebreizen, die zu einer Abreaktion kommen müssen. Eine Erhöhung der Spannung ist für ihn Unlust und eine Herabsetzung Lust. Dem Apparat kommt die Aufgabe zu, auftretende Reize zu bewältigen. Nach Freuds Vorstellung erfüllt er diese, indem er die Spannung zur Abfuhr leitet (Trägheitsprinzip). Da der Apparat aber kaum zu einer vollständigen Triebabfuhr in der Lage ist, muss er die auftretenden Spannungen möglichst niedrig halten (Konstanzprinzip). Damit ist der psychische Apparat durch Lust bzw. Unlust reguliert. Das Problematische dieses Ansatzes liegt darin, dass Freud das Seelische in Wissenschaftsvorstellungen des Physiologisch-Materialistischen denkt. Er übersteigt damit einerseits die Möglichkeiten der Physiologie und vergewaltigt andererseits die Seele. Auf dem Hintergrund seiner Theorie bildet die Psychotherapie für ihn selbst wohl nur ein Übergangsstadium. Seelische Störungen, physiologisch-reduktionistisch verstanden, lassen wohl als Fernziel die «Chemotherapie» für seelische Störungen vermuten.

Doch seinem psychischen Apparat sind deutlich Grenzen gesetzt. So kann er z. B. mit diesem nicht die Phänomene des Denkens und der Phantasie erklären. Darüber hinaus ist es eine Frage, ob der psychische Apparat à la Freud ohne zwischenmenschliche Hilfe, ohne eine Tätigkeit des anderen Menschen überhaupt funktionstüchtig ist. Die Organtätigkeit der Nieren z. B. ist ohne den anderen Menschen mit den Methoden der Physiologie exakt zu bestimmen – nicht aber die der Seele. Nun drängt sich die Frage auf, ob es überhaupt stimmt, wenn man den Menschen als ein «Lust-Unlust-reguliertes Wesen» beschreibt. Die alltägliche Erfahrung möchte hier sogleich Einspruch erheben. Ethisch ist es unmöglich, sich nur nach eigenen Triebbedürfnissen zu richten. Der Mensch wird zum Tier, wenn er dies tut. Doch auf dem Hintergrund des schon häufiger festgestellten Freudschen Atheismus ist alles möglich. Für ihn sei dies auch zugegeben, doch bestürzt es, wenn man sieht, wie nachhaltig er bis heute mit seinen Theorien aufgenommen wird.

Zunächst schmeicheln Freuds Vorstellungen dem Menschen. Wer möchte nicht nach seinen eigenen Massstäben und seinen Trieben leben? Doch schon bald erscheinen die Konsequenzen eines solchen Lebens: Abhängigkeiten jeglicher Art bis hin zu totaler Verzweiflung und gar Selbstmord. Der eine drängt den anderen mit seinen Lüsten in die Enge. Die Welt scheint zu klein zu sein für ein solches Menschenbild. Gegenseitige Missachtung, Übervorteilung, Ausnutzung und Verachtung sind die Folgen solch fatalen Denkens über die menschliche Seele.

Wieder heisst der einzige Ausweg aus diesem Chaos: Jesus Christus. Unter seiner Führung erscheint ein Menschenbild, das demjenigen Freuds diametral entgegengesetzt ist. Die Versklavung in eigene Triebbedürfnisse, die rastlose Suche nach Triebbefriedigung, findet hier zu ihrem Ende. Der Neubeginn des Lebens liegt in der vertrauensvollen Abhängigkeit des Menschen von Gott. Nun erscheint dem Menschen der andere Mensch weder als Wolf noch als

Objekt der eigenen Triebbefriedigung. Jetzt ist es wichtig, dem anderen die ihm durch Gottes Schöpfung zuerkannte Würde und Einzigartigkeit zuzugestehen. Der Mensch kann sich endlich als Mensch und damit als Geschöpf Gottes sehen. Er übernimmt Verantwortung für den anderen, weil er aus der Begegnung mit Gott lebt, der ihm durch sein Wort zeigt, dass er seinen Nächsten als Geschöpf Gottes zu sehen hat. Das statische, kalte, in eigener Gesetzmässigkeit ablaufende «Maschinenleben» Freuds wird durchbrochen und als folgenschwerer Irrtum erkannt. Gut und Böse, Liebe und Wahrheit sind dem Menschen aus Gott und durch diesen lebendigen Gott wieder deutlich erkennbar. Der Freudsche Maschinenmensch weiss hiervon nichts. Er funktioniert nach Lust-Unlust, nach Realitäts- und Lustprinzipien. Schliesslich wird er an ihnen zugrunde gehen, wenn er sich nicht vom Grunde seiner Existenz auf ändern lässt und Jesus Christus als Weg, Wahrheit und Leben für sein Leben annimmt. Die Freudschen Maschinenmenschen haben viel Kälte in unsere Familien und Generationen gebracht. Wann werden die Christen ihnen den Einzug versperren, um sie daran zu hindern, den Fall des Menschen weiter zu beschleunigen?

Schlimm ist es allerdings mit jenen bestellt, die als Christen meinen, einem Freudschen Menschenbild Raum in ihrem christlichen Leben geben zu müssen. Sie haben, so lässt unsere Freud-Auseinandersetzung erkennen, weder Freud noch die Offenbarung Gottes recht verstanden. Mögen sie zu Gott zurückkehren, in dessen Gemeinschaft sie erkennen, dass sie der Gemeinschaft mit Freud entfliehen müssen; denn sie können nicht zwei Herren dienen und einen Herrn meinen. Sie müssen also mit dieser zwiespältigen Haltung brechen und von der Psychoanalyse à la Freud zur «Psychoanalyse» Gottes kommen. Er kennt unsere Seele und sagt uns in seinem Wort, wie wir an ihr gesund und stark werden können.

Der Lebensweg und das Werk von Sigmund Freud liegen nun bald offen vor uns. Gottes Weg und Absicht mit dem Menschen liegt ebenso offen vor uns: in seinem Wort. Wir müssen beides vergleichen, um aufrichtig die Wahrheit finden zu können. Freud konnte bis jetzt nicht überzeugen. Weder Diagnose noch Therapie der menschlichen Seele scheinen ihm gelungen zu sein. Gottes Diagnose und Therapie aber bestätigen sich bis heute und in alle Ewigkeit beispielsweise durch die vielen Menschen, die auch durch ihre Lebensgeschichte Gottes zutreffende Aussagen bestätigen.

Sollte nun jemand einwenden, er könne aus intellektuellen Gründen Freud nicht demaskieren, so sei er aufgefordert, sich die Freudschen Fehlleistungen einmal genau anzuschauen. An dieser Stelle muss ich selbst den Offenbarungseid leisten und bekennen, dass ich tief darüber erschüttert bin, wie wenig Faktenmaterial, mit dem man Antworten auf Seelenfragen bekommen kann, sich durch Freud gewinnen lässt. Die wenigen Dinge, etwa die Möglichkeit, sich mit einigen Begriffen seiner Theorie über menschliche Gefühle zu verständigen oder die Analyse der frühen Kindheit zum Verständnis psychischer Störungen im späteren Lebensabschnitt, zählen kaum, angesichts der Probleme, wie sie uns durch Neurotiker, Depressive oder dem Selbstmord nahe stehende Menschen begegnen.

Was ist der Mensch und was seine Seele? Diese Frage muss grundsätzlich neu auf dem Hintergrund der geoffenbarten Wahrheit Gottes beantwortet werden. Der Seelsorger muss wieder neu an den Seelenheiland verwiesen werden, der Psychologe wieder neu an den Schöpfer der Seele. Eine Ethik ohne Gott ist für den Menschen und dessen Fragen nach dem rechten Umgang mit seinen Nächsten keine Hilfe, sondern ein Eigentor in die Verlorenheit und Unzulänglichkeit menschlichen Lebens. Eine Psychologie ohne Gott ist eine halbe Sache, da sie lediglich psychologische Reaktionen des Menschen beschreiben kann, deren Einordnung aber versagen muss. Hier hilft Gott Liebe, Freundschaft, Trauer, Aggressionen und alle anderen Gefühlsäusserungen des Menschen zu lenken, wie er es sich gedacht hat. Dabei bleibt dem Menschen viel Freiraum, im Rahmen der göttlichen Ordnungen zu leben. Gott ist nämlich zu gross und allmächtig, weise und barmherzig, als dass er, ähnlich wie Freud, kleine und begrenzte Lebensmöglichkeiten böte. Nein, Gott ist anders, als wir denken – und darum: Lassen wir uns doch auf seinen Entwurf für menschliches Leben ein, um dessen Fülle und Gestaltungsmöglichkeiten zu erleben!

6. Freud auf den Spuren von Charles Darwin

Als Charles Darwin (1809–1882) mit seinem ihn berühmt machenden Werk «On the Origin of Species» (1859) an die Öffentlichkeit trat, war wohl noch kein Gedanke an das Werk von Sigmund Freud möglich. Dennoch aber ebnete Darwin diesem durch sein Buch den Weg. Ernest Jones, ein Freund, Gefolgsmann und Biograph Sigmund Freuds, sagte über Freud, dass er der neue «Darwin des Seelenlebens»[21] sei.

Wir gehen einen Moment diesem Vergleich nach. Wie Darwin die Wahrheit der Schöpfung Gottes, die in seinem Wort in 1. Mose 1 und 2 genau beschrieben ist, durch sein Konzept eines natürlichen Evolutionsprozesses für falsch und nichtig erklärte, so hat der zweite «Darwin», Sigmund Freud, das Seelenleben des Menschen von Gott gelöst und es damit verfälscht. Beide entrissen dem Menschen mit ihren Lehren den Zugang zur Quelle wahren Lebens. Beide entpuppen sich aber auch gleichzeitig durch ihr Werk als Irrläufer der Wahrheit, da sie sich und ihre begrenzten Erkenntnisse für die einzig richtigen ausgaben. Beide lösten auch eine Revolution aus, indem sie die Wahrheit umdrehten und Gott aus ihrem erkenntnisleitenden Interesse hinauswarfen.

In Darwins Notizbüchern, die er im Juli 1837 nach seiner Heimkehr von seiner Weltreise mit der Beagle unter dem Titel «Transmutation of Species» (Wandel der Arten) zu führen begann, sind auch etliche Hinweise zur Psychologie zu finden. Demnach beschäftigte er sich auch mit Fragen des Geistes und des Gesamtkomplexes menschlichen Verhaltens. Zur Beantwortung seiner diesbezüglichen Fragen las er fast alle Philosophen und Psychologen seiner Zeit, die ihm zu Gedächtnis, Assoziationsfähigkeit, Verhaltensgewohnheit, Vorstellungsvermögen, Sprache, Motivation und Willen des Menschen Aufschluss geben konnten. Doch nach dem Studium dieser Schriften hatte er nachhaltig den Eindruck, dass die Zukunft einer biologischen Psychologie gehöre.

Freud besass, las und lobte Darwins Hauptwerke zur Evolutionstheorie unentwegt. In seinen «Studien zur Hysterie» (1895) und in «Totem und Tabu» (1912–1913) macht er sich dessen Gedanken auf subtilste Weise zu Eigen. Nachfolgende Aufzählung soll im Einzelnen kurz die Beziehungspunkte von Darwin zu Freud kennzeichnen:

1. Wie Darwin, sah auch Freud den Kampf ums Dasein.
2. Beiden gemeinsam ist die Suche nach der historischen Wahrheit in der Vergangenheit als dem Schlüssel zur Gegenwart.
3. Freuds psychosexuelle Entwicklung berücksichtigte das biogenetische Grundgesetz von Haeckel, das in einem evolutionistischen Theoriekonzept stand.

Mit diesen kurzen Hinweisen ist in Freuds Werk schon eine gewaltige Wirkung der Darwinschen Gedanken erkennbar. Löste dieser des Menschen Ursprung von Gott in eine Theorie der Entwicklung von niederen zu höheren Lebewesen auf, so folgte Freud diesem konsequent in seiner Ausdeutung der menschlichen Seele. Beide bringen sie den Menschen von Gott weg und bieten ihm als Alternative den Menschen selbst an. Er ist der Wissende über Woher und Wohin seines Lebens. Damit tritt der Mensch an die Stelle Gottes. Bis in unsere Zeit suggerieren Darwin und Freud durch ihren Weg dem Menschen, dass er sich alleine befreien könne von seinen bangen Fragen nach dem Ursprung und Ziel seines Lebens, seiner Seele. Doch der Weg in die Sackgasse geht so immer weiter.

Je mehr Darwin und Freud aufgenommen, modifiziert und vervollständigt werden, desto mehr tritt sich der falsche Weg fest, bis er schliesslich den Nachgeborenen als der einzig wahre Weg erscheint. «Nach Darwin» – «nach Freud» – oder «schon Darwin sagte», «schon Freud sagte», sind die Stimmen der Wegweiser zu diesem Weg der bloss menschlichen Antworten auf menschliche Fragen.

Wir weisen einen anderen Weg. Wir gehen gegen den breiten, ausgetretenen und zementierten, wissenschaftlich begutachteten und geprüften und für fahrbar ausgewiesenen Weg des Darwin und Freud. Wir wählen den Weg der Wahrheit im Blick auf Gott. Schon längst ist der angeblich gute Weg von Darwin und Freud mit dem Schild «Strassenschäden» versehen. Überall wird ausgebessert, nachgepflastert. Ein Fahrbahnwechsel ist demnach dringend notwendig!

7. Gott – eine Illusion?

Die ersten intensiven Auseinandersetzungen Freuds mit dem Phänomen der Religion fallen in die Zeit von 1897. Wie wir schon berichteten, begann er in diesem Zeitabschnitt seines Lebens mit seiner Selbstanalyse. Da er über diese in offenem Briefaustausch mit seinem Freund Wilhelm Fliess stand, bietet uns dieser Briefwechsel auch Aufschlüsse über Freuds erste Religionsäusserungen. Diese sind zunächst auf das eigene Erleben beschränkt. In der Aufarbeitung seiner Kindheitserlebnisse erscheinen zwei Formen von Frömmigkeit. Auf der einen Seite findet man die Religiosität seines Vaters. Jakob Freud, der dem jüdischen Glauben nahe stand, vermittelte seiner Familie die Weisheitslehre der jüdischen Tradition. Diese bezog sich im Wesentlichen auf die Bibellektüre. Andererseits berichtet Freud von seiner katholischen Kinderfrau, die ihn mit in die Kirche nahm, sodass er, wenn er nach Hause kam, gepredigt habe.[22] Durch die Religiosität der Kinderfrau wurde Freud negativ beeinflusst. Vorstellungen von Himmel und Hölle, von Erlösung und Auferstehung, doktrinär gepredigt und in der Atmosphäre alter Religiosität und toter Formen aufgenommen, setzten sich in Freud fest. Dazu gesellten sich in seiner weiteren Entwicklung Erfahrungen mit dem katholischen Antisemitismus. Freud fühlte sich bewusst als Jude. In Volksschule und Gymnasium hatte er nur wenige jüdische Freunde. Demütigungen verschiedenster Art durch antisemitische «Christen» gehörten hier zu seiner täglichen Erfahrung. Als Zwölfjähriger erlebte er, wie sein Vater gedemütigt wurde. Diesem schlug man mit den Worten «Jud, herunter vom Trottoir!» die neue Pelzmütze vom Kopf in den Strassendreck. Solche Erlebnisse lösten in Sigmund Hass- und Rachegefühle aus und verleideten ihm schon früh den Zugang zum «christlichen» Glauben. Auch auf der Universität trafen ihn antisemitische Haltungen und Äusserungen. Doch wenn Freud auch mit den «Christen» seine negativen und ihn abstossenden Erfahrungen machte, so musste dies doch nicht zwangsläufig seinen jüdischen Glauben mitreissen. Wieso ging auch dieser verloren?

Mit hineingenommen in den Strudel des Zeitgeistes, der Heilung und Hilfe des Menschen nicht mehr in Religion, Politik oder gar Philosophie, sondern in der Naturwissenschaft à la Helmholtz usw. sah, kam Freud vom Glauben an den Gott seiner Väter zum Glauben an die Wissenschaft. Die Naturwissenschaft erlebte für die damaligen Akademiker ihre Blüte und wurde zum Universalheilmittel ausgerufen. Wenn man sich etwas näher mit den rationalistischen Strömungen des 19. Jahrhunderts befasst, so wird einem die Stellung der Naturwissenschaft nur zu deutlich. Ein Blick zur Theologie dieser Zeit zeigt ebenfalls, dass menschliches Denken über Gott und seine Offenbarung an die Stelle der Begegnung des Menschen mit Gott trat. Die Naturwissenschaft, beeinflusst durch den aufkommenden Darwinismus, rüttelte an den Grundfesten christlichen Glaubens. Schöpfungsbericht und Sünde wurden besserwisserisch im Brustton der wissenschaftlichen Überzeugung als Mythologien abgestempelt. Zwar entstand gerade im Zeitalter der aufkommenden Naturwissenschaften und des Rationalismus auch die Erweckungsbewegung und eine biblizistische Richtung innerhalb der Theologie, doch diese erreichten die Freud-Umgebung nicht. Für Freud und seine Gefolgschaft erscheint des Menschen Weisheit verbindlich für die Suche nach der Wahrheit über Gott und Welt. Welch eine Vermessenheit, welche Verdrehung der Tatsachen! Immer dann, wenn der Mensch sich selbst zum Gott erhebt und den lebendigen Gott verspottet und verlacht, erntet er die Früchte seiner Haltung – er wird dahingegeben und endet in der Versklavung seiner selbst. Auch wenn Freud atheistisch und in Überzeugung seiner Theorie Gott als Illusion entlarven möchte, kommt er nicht aus Glaubensbezügen heraus. Er verwechselt den Glauben an die Väter mit dem Glauben an die materialistische Naturwissenschaft. Dies ändert jedoch nicht die Tatsache, dass er damit selbst in einen illusionären Glauben verfällt. Das, was er dem Christentum vorhält, kommt durch die Hintertüre seines angeblich psychoanalytischen

Beweises gegen Gott auf ihn selbst zurück. Damit wird deutlich, dass des Menschen Wendung gegen Gott nur ihn selbst trifft. Gleichzeitig weisen diese Zusammenhänge auf die Grösse und Gerechtigkeit Gottes hin. Gott will das Leben der Menschen und nicht deren Verlorenheit.

Aus dieser Tatsache folgt entsprechend einem «Ursache-Wirkung-Prinzip» immer, dass des Menschen Ablehnung Gott gegenüber zu des Menschen Verwirrung führt. Der Mensch bleibt danach allein, bewegt sich im Kreis seiner Gedanken und Theorieentwürfe und findet nicht mehr heraus aus seinem Seelenchaos – es sei denn, er nimmt den Opfertod Jesu Christi für sich persönlich an, um so zu Gott zurückzukommen.

Doch diesen Weg schlägt Freud aus. Freud ist sich selbst und seiner Wissenschaft so gewiss, dass er sich selbst zum Gott wird. Auf diesem Hintergrund steht, durch frühe Erlebnisse beeinflusst, die Religionskritik Freuds. Im guten Sinne ist sie damit keine Kritik mehr, sondern schon längst eine Antithese, eine Alternative zu Gott. Diese wiederum ist aber nur denkbar als Irrlehre, als Abgang vom Weg der Wahrheit. Spätestens an Freuds Religionskritik entlarvt sich seine Theorie als antigöttlich. Nach den Aussagen der Bibel ist sie damit aber «auf dem Weg des Todes».

Dies müssen sich all jene verdeutlichen, die meinen, Jesu Jünger und Freuds Jünger sein zu können. Freud und Jesus, Psychoanalyse à la Freud und Christenleben, schliessen sich aus, da sie grundsätzliche und sich gegenseitig ausschliessende Glaubensvoraussetzungen haben.

Allerdings kann man dies erst klar erkennen, wenn man mit dem Irrtum aufräumt, dass sich die Offenbarung Gottes in der Bibel dem jeweils herrschenden Weltbild anpassen müsste. Diese Forderung besteht zu Unrecht, weil Gott Gott ist und bleibt. Gott spricht zwar in die jeweilige Menschheitsgeschichte, und sein Wort muss in diese übertragen werden, doch geschieht dies ohne Inhaltsfälschung auf der Seite seines Wortes. Die Mahnung Luthers: «Das Wort sie sollen lassen stahn» hat im 20. Jahrhundert ebenso seine Geltung wie im 16. Jahrhundert!

In Freuds Lebenshaltungen erscheinen oft Provokationen seiner Glaubenshaltung gegenüber den Christen. Wie wir in seiner Lebensgeschichte zeigten, eröffnete Freud am Ostermontag 1886 seine Arztpraxis. Mögen einige Freudinterpreten hierin eine Trotzhandlung gegenüber der Kirche sehen, für uns ist dies eine offene und wohlüberlegte Provokation. Freud hat es nicht nötig, die Feste der Christen zu achten, hatten sie es ja auch nicht nötig, ihn und seinen Vater als Juden zu achten!

Nachdem Freud seine Psychoanalyse zum universalen Aufklärungsinstrumentarium für menschliches Leben ausgebaut hatte, kann er mit diesem auch Fragen der Religion und Kultur angehen. Freud fragt so nach dem Ursprung und dem Wesen der Religion.

Die Frage nach der Entstehung der Religion ist für Freud in erster Linie nicht eine Frage an die Historiker, Philologen und Völkerkundler, sondern eine Frage, die nur er selbst zutreffend mit Hilfe seiner Psychoanalyse beantworten kann.

Für die christlichen und jüdischen Theologen wurde diese Frage bis zum 19. Jahrhundert mit dogmatischen Antworten bedacht. «Die heidnischen Religionen sind Entartungen, Degenerationen der ursprünglich reinen Offenbarungsreligion (Uroffenbarung) – aufgrund des in der Bibel berichteten Sündenfalles.» Ganz grob zeichnet sich ab, dass der Mensch der Religionen sich um einen gnädigen Gott bemüht oder sich selbst zum Gott erhebt. Für den Nachfolger Jesu Christi, der Gottes Offenbarung lebt und so täglich die Wahrhaftigkeit und Realitätsbezogenheit seines Wortes in all seinen Lebensbezügen erprobt, wird deutlich, dass ihm Gott gnädig ist und er allein aus Gnaden errettet ist. Damit begibt er sich aus dem Rahmen der Religion in einen lebendigen Bezug zu dem Gott der Bibel. Das Leben wird dadurch erst sinnvoll und befreit von Riten, Kultakten und anderen religiösen Bindungen. Die genaue Beschreibung dieser verschiedenen Lebensweisen würde uns zeigen, dass sie nichts miteinander gemein haben. Hätte Freud seiner Religionskritik diesen Blick geschenkt, so wäre er zu einer hilfreichen Kritik der Religionen gekommen, statt eine weitere (seine) Religion zu den schon bestehenden zu stellen.

Freud nimmt zu seiner Beantwortung der Frage, was denn Religion sei, die Ergebnisse der damaligen Völkerkundler auf. Seine These lautet zunächst: «Religiöse Riten gleichen neurotischen Zwangshandlungen.» In seinem Buch «Totem und Tabu» belegt er diese These mit Ergebnissen über Ritenbildung und -verhalten von primitiven Völkern. Er sieht hier Ähnlichkeit zwischen Bräuchen und Glaubenshaltungen der Primitiven mit den Zwangshandlungen seiner neurotischen Patienten. Doch trifft er damit nicht den Gott der Bibel, sondern steht mit diesen Äusserungen auf vergleichender Ebene mit den Ergebnissen der Völkerkundler.

Wie kommt er aber dazu, von Gott als von einer Illusion zu sprechen? Den Weg dorthin nimmt er über die Beobachtung von Kleinkindern.

Zunächst fällt Freud auf, dass Kleinkinder Tiere lieben, in einer späteren Reifungs- und Entwicklungsphase diese aber fürchten. Die Analyse der Tierängste bringt ihn zu der Annahme: Der Grund hierzu ist die Angst vor dem eigenen Vater, die auf das Tier übertragen wird. Warum? «Eigentlich möchte das Kind den Vater verehren und lieben, und doch fürchtet es ihn zugleich. Diese Angst wird allerdings nicht bewusst verarbeitet, sondern vom Bewusstsein ins Unbewusste verdrängt. Sie lebt dort weiter und taucht in anderer Gestalt wieder auf: An die Stelle des Vaters tritt das Tier.» [23] Diese Erklärung leuchtet dem normalen Verstand nicht ein. Beobachtet man die Ängste des Kindes vor Tieren, so lassen sich diese auf eine Ursache zurückführen. Macht das Kind nicht die Erfahrung, dass der Hund beisst, der Igel piekt usw., so hat es keine Angst vor dem Tier. Freuds Interpretation ist zu unterstellen, dass er sich mit der aktuellen Entstehungsgeschichte der Tierängste von Kleinkindern nicht beschäftigte, sondern diese gleich in seine Vorstellungen beliebig einbaute. Verglichen mit der Realität erscheinen diese dann märchenhaft und phantastisch. Sie geben keine zutreffende Erklärung, sondern dienen der Zementierung des Freudschen Märchens der Tierängste bei Kleinkindern. Wieder einmal erscheint eine Freudsche Fehlleistung, die seinem wissenschaftlichen Anspruch hohnspricht. Nun, da Freud dies nicht kümmerte, baute er auf diese Erklärung seine weitere These auf, die lautet: Durch die kindliche Wiederkehr des Totemismus ergibt sich eine psychologische Erklärung der Religion. In einem weiteren Schritt erscheint die Vatertötung (verdrängt in der Tiertötung, dem Totemismus) als Ausgangspunkt der Religion überhaupt. Historisch versucht Freud, diese These mit Darwin zu belegen.

Damit ist für Freud der Ursprung der Religion ausgewiesen. Nicht auf Gott führt der ursprüngliche religiöse Bezug, das religiöse Sehnen des Menschen zurück, nein, auf den Vatermord, auf den Ödipuskomplex wird alles zurückgeführt. Wenn man diesem allem nachgeht, so möchte einem der Unmut kommen. Wie kann man nur so subjektiv, so märchenhaft Fakten interpretieren? Wie kann eine etliche Generationen nach Freud folgende Wissenschaftlerelite nur solch einen Mythos tradieren – und das alles in einer Zeit der Wissenschaftlichkeit? Bei Freud ist die Erklärung einfach zu geben: «Im Grunde ging es ihm … um eine von vornherein feststehende Theorie von Religion, die er dann mit religionsgeschichtlichem Material zu belegen versuchte.»[24] Die Zusammenhänge der Fakten, die einzelnen Phänomene und ihre Erscheinungen und Bedingtheiten können vernachlässigt werden – all dies hat aber nichts mehr mit Wissenschaft zu tun. Eine Mythologie, ein Märchen, eine Phantasiewelt wird hier aufgebaut, gespeist mit immer wieder neuen Variationen aus der Dunkelheit der Gottverlassenheit. Dem Christentum wird in diesem Stadium der sich aufblähenden Religionskritik lediglich zugestanden, eine Sohnesreligion zu sein. An letzterer hat u. a. Freud kräftig mitgewirkt, um Gott, den Vater, für tot zu erklären. Freud löste ständig Aussagen, Ergebnisse und Fakten aus ihren Zusammenhängen, um sie beliebig in seine Theorien einzubauen. Was hätte er erkennen können, wenn er vor dem Studium der Bibel seinen Grössenwahn und seine Ichbezogenheit abgelegt hätte!

Nachdem die Ursprungsfrage der Religion abgehandelt ist, folgt die Frage nach dem Wesen der Religion. Diese baut auf der Antwort nach dem Religionsursprung auf. In Freuds Schrift «Die Zukunft einer Illusion» erfahren wir, wie er das Wesen der Religion kennzeichnet.

Über die Traumdeutung und die Untersuchung neurotischer Symptome gelangte Freud zu einem Modell der Wunscherfüllung. Realität und Wünsche stossen aneinander und werden von Freud zur Deutung des menschlichen Lebens in die Begriffe des Realitäts- und Lustprinzips gebracht. Der Weg des Menschen zu seiner Reife beschränkt immer das Lustprinzip zugunsten des Realitätsprinzips. Wünsche und Begierden stossen sich an der Realität des Lebens ab. Da sie aber auf Erfüllung bzw. Befriedigung ausgerichtet sind, werden sie verdrängt, ins Unbewusste abgelagert, wenn sie an der Realität scheitern. Soweit die Einbindung der Wünsche in die Freudsche Theorie. Was hat diese aber mit dem Wesen der Religion zu tun? Religiöse Vorstellungen des Menschen erscheinen Freud nicht als Ergebnisse der Erfahrung oder des Denkens, sondern als Illusionen. Das Glück des Menschen findet nach Freuds Beobachtungen in der Religion nicht zu seinem Ziel. Wünsche bleiben Wünsche, und da sie sich nicht realisieren lassen, werden sie zu Illusionen. Für Freud bleiben die Illusionen dem Urteil von falsch oder wahr enthoben.

Doch ist mit dieser Aussage etwas gewonnen? Illusionen bleiben doch, gemessen an der Realität, unzutreffend, eben Illusionen. Damit ist den Religionen, auch dem Christentum, durch Freud das Urteil einer pubertären Durchgangsphase der Menschheitsentwicklung beigelegt. Nach dem Motto: Kinder glauben noch illusionär an die Existenz Gottes, für die Erwachsenen ist das Programm «Erziehung zur Realität». Der Mensch kann nicht ewig Kind bleiben. Er muss erwachsen werden, muss aus eigener Kraft und mit Unterstützung der Wissenschaft die Wirklichkeit bewältigen. «Der Himmel soll den Engeln und Spatzen» überlassen bleiben. Des Menschen Erwartungen vom Jenseits sollen auf das irdische Leben konzentriert werden. Nimmt man all diese Äusserungen Freuds ernst, so erscheint er uns wie ein kleines Kind, das Anforderungen an Gott stellt, die dieser tunlichst zu erfüllen hat. Erfüllt er sie nicht, so ist er nicht existent. Man spürt bei allen Freud-Äusserungen zur

Religion, dass er nie dem lebendigen Gott begegnet ist. Entsprechend seinem subjektiven Gottesbild und seiner Anspruchshaltung schweigt Gott. Er muss freilich schweigen, da Freud ihn ja nicht reden lässt!

Freud weiss eben von vornherein alles besser, sieht in Gott den Ödipuskomplex des Menschen und die illusionäre Wirklichkeitsvorstellung eines Kindes. Da er sich selbst zum Gott geworden ist, erklärt er den einzigen, lebendigen und wahrhaftigen Gott für nicht existent. Freuds Religionskritik bleibt damit einseitig und kurzsichtig im Vergleich menschlicher Wünsche und deren Erfüllung stecken. Denn nirgends in der Bibel ist die messianische Heilserwartung mit einem goldenen Zeitalter angesprochen. Der Messias, Jesus Christus, offenbart sich vielmehr entgegen den Vorstellungen seiner Zeitgenossen. Als man ihn auf dem Weg nach Jerusalem zum König der Juden und damit zum Befreier von den Unterdrückern feierte, weinte er. Die menschlichen Gottesbilder bleiben illusionär – insofern hat Freud Recht. Doch angesichts der Offenbarung des lebendigen Gottes ist es unzulässig, dieser die menschlichen Vorstellungen entgegenzustellen. Gerade dadurch versperren sich die Menschen immer wieder die eigentliche Gottesoffenbarung. Wir wollen an dieser Stelle deutlich sagen, dass dies gut so ist; denn was wäre dies für ein Gott, den die Menschen aufgrund ihrer Wünsche ausrufen könnten? Es wäre ein Gott des Lustprinzips! Alles, was ihnen angeblich Lust und Wunsch ist, hätte er zu erfüllen. Wir sehen, dies wäre nur ein menschlicher Gott, hinter dem ein Mensch stände. Dies aber widerspricht sich. Warum?

Wenn wir Menschen von Gott sprechen, über Gott nachdenken, so müssen wir zweifelsohne Gott mehr sein lassen als menschlich machbar, denkbar und möglich ist. Im Grunde unseres Seins wissen wir dies auch, da wir von diesem wahren Gott geschaffen wurden. Nur unser Seinwollen wie Gott versperrt dieser Sicht den Weg und stiftet ein heilloses Durcheinander. Gott offenbart sich uns in seinem Wort. Wollen wir also wissen, wer Gott ist, wer wir sind, so müssen wir seiner Offenbarung zuhören, müssen sein Wort zu uns reden lassen, ohne diesem ständig in die Rede zu fallen. Nur so kann Gott uns begegnen. Freud und viele mit ihm hören Gottes Stimme nicht, weil sie vor seinem Reden schon alles wissen, was er zu sagen hat. Nimmt es da noch wunder, dass sie dann ihren Mitmenschen nur menschlich und verfälscht von Gott berichten?

Fassen wir doch wieder neuen Mut, Gottes Reden zuzuhören, ohne ihn zu unterbrechen! Die Voraussetzung hierzu ist allerdings, dass wir ihm und seiner Rede mehr zutrauen als unserem Reden und Wissen. Freud, so konnten wir zeigen, missachtete gröblich das Reden Gottes, da Freud meinte, alles besser zu wissen. Letzten Endes führt er seine Anhänger mit dieser Haltung aber an der Realität vorbei, da er die eigentliche Realität Gottes nie erfahren konnte, weil er diese durch sich selbst verleugnete.

Manche Theologen bemühen sich, die Religionskritik Freuds für ihre theologischen Gedanken fruchtbar zu machen. Allzuleicht vergessen sie Freuds Haltung und sehen so nicht, dass sie damit von ihrem Reden über Gott zu menschlichem Reden kommen. Damit folgen sie Freud auf der Spur illusionärer Reden über Gott, die an der Realität Gottes vorbeiführen.

An Freuds Religionskritik können wir lernen, dass ein Christenleben aufgefordert ist, die Realität Gottes gegen alles Illusionsgerede sichtbar zu machen. Existentielles Christenleben wird die Verschüttungen Gottes durch Freud abdecken helfen und der Realität Gottes Platz schaffen.

Nicht umsonst ermahnt Paulus die Korinther, ein «Brief Christi» zu sein, den andere lesen können, um von dessen Existenz zu erfahren. Versagen sie oder kümmern sie sich nicht um diese so wichtige Desillusionierungsaufgabe, so behält Freud für viele Recht. Gott bleibt dann eine Illusion, eine Wunschprojektion kindischer «Christen», da seine Realität in ihrem Leben für andere verborgen blieb. «Ihr seid unser Brief, in unser Herz geschrieben, gekannt und gelesen von allen Menschen! Ist doch offenbar geworden, dass ihr ein Brief Christi seid, durch unseren Dienst zubereitet, geschrieben nicht mit Tinte, sondern mit dem Geist des lebendigen Gottes, nicht in steinerne Tafeln, sondern in fleischerne Tafeln des Herzens» (2. Korinther 3,2 und 3).

In seiner Schrift «Der Mann Mose und die monotheistische Religion» (1925) beschäftigt sich Freud mit Mose. Er zeichnet ein sehr verworrenes Mosebild. Dabei stützt er sich auf höchst gewagte Rekonstruktionen der «Mose-Legende». Nach dieser war Mose ein Ägypter, der den monotheistischen Glauben des Pharao Echnaton angenommen hatte. Zu diesem bekehrte er dann die Juden und wurde schliesslich in einem Aufruhr von diesen erschlagen. Hierüber empfanden die Juden ein dauerndes unbewusstes Schuldgefühl. Damit erscheint der Mord des Propheten in der monotheistischen Religion dem Mord des Urvaters im Totemismus und dem Mord des Gottessohnes im Christentum vergleichbar. Freuds Theorie bestätigt sich angeblich wieder einmal selbst. All dies sind Auswirkungen des von ihm geschaffenen Ödipuskomplexes.

Wie ganz anders liest sich hingegen Gottes Wort. Hiernach war Mose ein israelitischer Knabe, der, vor dem Tod durch Aussetzen in einem Körbchen auf das Wasser des Nil gerettet, zu einem grossen Diener Gottes wurde. All dies aber ist für Freud unwichtig. Er kann es übergehen und stattdessen eine willkürliche, falsche Mosezeichnung hinterlassen. Damit stehen sich zwei Berichte entgegen, die sich ausschliessen. Welchem die Wahrheit zukommt, ist neben exakten Untersuchungen der Geschichte im Umfeld des Alten Testamentes wesentlich von der Haltung dem Worte Gottes gegenüber abhängig. Da Freud seine Mosedeutung nicht mit eindeutigen Fakten, sondern nur mit Spekulationen belegen konnte (ursprünglich sollte der Titel «Der Mann Mose. Ein historischer Roman» lauten), ist für dessen Übernahme viel Glaube nötig. Den Aussagen der Bibel folgt aber die Geschichte Israels, die bis heute von den gläubigen Israeliten in ihrem Glaubensbekenntnis überliefert wird. In jedem ihrer Passahmahlfeiern erinnern sie sich an den gewaltigen Auszug aus Ägypten durch die gnädige Bewahrung und Führung Gottes. Mose als Beauftragter Gottes führte das Volk. Der Tod des Ägypters Mose durch die Israeliten hingegen bleibt ein Märchen, zusammengebastelt aus ägyptischer Kulturgeschichte und spekulativen Absichten.

Gerade Freuds Äusserungen zur Religion entlarven sich bei genauer kritischer Durchsicht als Illusion gegen ihn selbst und seine Wissenschaft. Diese scheint nach eigenem Gutdünken und Lustprinzip geschaffen worden zu sein – vielen als Hindernis vor dem einzigen, wahren und existenten Gott, dem Gott der Bibel.

Für Freud tritt an die Stelle des Gottesglaubens der Glaube an die Wissenschaft. Wie wir aber mittlerweile sehen, ist sein Wissenschaftsglaube ein Glaube an sich selbst. Kommt all dies nicht einer Vergewaltigung der Tatsachen gleich? Mit Gott geht er ähnlich um wie mit der Seele des Menschen. Beide werden seinen Denksystemen eingepasst. Als Ergebnis erscheinen schliesslich der Tod Gottes und der Tod der Seele.

Welche Rolle spielen darüber hinaus die einzelnen unbestreitbaren Fakten, wenn sie aus ihren Zusammenhängen isoliert und dem willkürlichen subjektiven Denken Freuds einverleibt werden? Sie treten damit in die Absichten des Durcheinanderwerfers. Weder Gott noch die Seele des Menschen lassen dem nach der Wahrheit suchenden Menschen irgendeine Chance auf Fündigkeit zuteil werden. Erst mit dem Wahrheitsanspruch der Bibel und mit der Bereitschaft des Menschen, den Gott der Bibel zu sich sprechen zu lassen, findet das Durcheinander wieder zu einer Ordnung. Gott erscheint als Gott und gibt dem Freudschen Illusionsvorwurf seine eigentliche Bedeutung, indem er ihn zurückweist und seinen Destruktionscharakter entlarvt. Die Seele des Menschen erscheint in ihrer Anbindung an Gott, sodass der ruhelosen, kranken und nach Wahrheit suchenden Seele geholfen werden kann. Damit scheint aber gleichzeitig den tiefsten Wünschen des Menschen Erfüllung zuteil zu werden. Das innerste Sehnen des Menschen nach Frieden und Erquickung seiner Seele findet in Gott zur Ruhe und Erfüllung.

Wieder erklingt der Ruf Jesu an uns:

«Kommt her zu mir alle, die ihr (in eurer Suche nach Gott und der Wahrheit des Lebens – krb) mühselig und beladen seid, ich will euch erquicken.»

Freud selbst blieb die Antwort auf Jesu Appell schuldig, bzw. er hätte sie verneint. Schrieb er doch: «Ich mache weder im Umgang noch in meinen Schriften ein Geheimnis daraus, dass ich ein Ungläubiger bin.» Und von Weizsäcker sagte zu Freuds Religiösität: «Er blieb Atheist, ein in der Welt heimatloser Atheist.» (vgl. Kollbrunner, S. 265).

8. Theorie und Praxis – Freuds Patienten

Am Fall der Anna O. war Freud nur beiläufig beteiligt. Sie war Breuers Patientin und durch Hörensagen Freuds theoretisches Studienobjekt. Zu Beginn unseres Kapitels über Hysterie und Hypnose erwähnten wir Freuds Behandlung einer Frau, die Schwierigkeiten hatte, ihr Neugeborenes zu stillen. Dieser Frau half angeblich das eindringliche Gespräch in suggestiver Hypnose, um zur Stillfähigkeit zu gelangen. Doch schon bei ihr ist auffällig, dass sie nur nach der jeweils an ihr vollzogenen Hypnose stillen konnte. Dies bestätigte sich auch bei den folgenden Schwangerschaften. Im strengen Sinne wurde sie damit aber nicht geheilt, sondern bei neuer Geburt und Stillabsicht war sie von dem Einfluss Freuds abhängig, der ihr gut zusprach und ihre Stillhemmungen beseitigte. Sie erfuhr so eine punktuelle, situative Besserung ihrer Beschwerden, nicht aber eine Heilung im umfassenden Sinne.

Inzwischen ist durch eingehende Recherchearbeiten von Fritz Schweighofer «Das Privattheater der Anna O.», München 1987) bekannt geworden, dass der Beginn der Psychoanalyse mit dem Fall «Anna O.» in Wirklichkeit ein Betrugsfall war. Warum?

1. Breuers Krankengeschichte strotzt von faustdicken Lügen;
2. es sind intime Beziehungen zwischen Breuer und seiner Patientin anzunehmen (vgl. Schweighofer S. 79);
3. die Symptomgeschichten von Bertha (Anna O.) sind wahrscheinlich frei erfunden gewesen;
4. wie gezeigt wurde, sind hypnotische Bewusstseinszustände äusserst fragwürdig, da fast alles in sie hineingelegt werden kann;
5. da Breuer Bertha eine Weile täglich Morphium injizierte, lassen sich die beschriebenen Bewusstseinszustände und Szenen auch als Rauschzustände unter Drogeneinfluss interpretieren.

Herbert Selg, emeritierter Professor für Psychologie an der Universität Bamberg, schreibt zum Fall «Anna O.»: «Jenseits aller Spekulationen steht fest, dass alle drei (Bertha Pappenheim, Josef Breuer und Sigmund Freud) mächtig gelogen haben. Doch Bertha führte nur Breuer und ihre Familie hinters Licht, und sie war in dieser Zeit wahrscheinlich drogenabhängig. Breuer und Freud täuschten ein Millionenpublikum … Freud ging 1895 wohl davon aus, dass die wahre Identität der 'Anna O.' und damit der Schwindel nie aufgedeckt würde.» (Herbert Selg: Sigmund Freud – Genie oder Scharlatan? Stuttgart 2002, S. 22)

Schon sehr bald lernte Freud in seiner Praxis die Grenzen der Hypnosetherapie kennen. Die Menschen liessen sich doch nicht so von dem Wundermann leiten, wie dieser es sich wünschte.

Nach der Hypnose kam die freie Assoziation als Analysemethode zur Anwendung. Was aber brachte ihr Einsatz, ausser vielen Informationen über den Patienten, die Freud als lose Mosaiksteine zu dem Lebensbild seiner Patienten zusammenbaute?

Anhand seiner klassischen Fälle wollen wir Theorie und Praxis, Analyse und Heilung von Freuds Psychoanalyse betrachten.

Freuds wohl berühmtester Patient war der Wolfsmann (1910–1914). Die Erinnerungen an seine Kindheit im zaristischen Russland sind in den ersten Kapiteln des Buches «The Wolf-Man by the Wolf-Man» (Der Wolfsmann vom Wolfsmann, 1971, dtsch. 1972), herausgegeben von Muriel Gardiner, beschrieben. Wurde er geheilt? Freud fand durch ihn zwar theoretische Ausführungen (niedergeschrieben 1918 in der Schrift «Geschichte einer infantilen Neurose»), konnte ihn aber nicht heilen. Dieser Tatbestand wurde in der Zeitschrift «Welt am Sonntag» vom 30. März 1980 unter der Überschrift «Der Patient: Freud hat sich geirrt» publik gemacht. Wir geben hier den Bericht wieder, der von dem bekannten Psychologieprofessor Peter R. Hofstätter stammt:

«Ungewöhnliches hat sich ereignet: Ein russischer Jurist und Adeliger, Dr. Sergej P., Jahrgang 1887 – einst sagenhaft reich, aber nach der Revolution verarmt – lebt als Sachbearbeiter für Haft-

97

pflichtschäden bzw. ab 1950 als Pensionär seiner Versicherungsgesellschaft in Wien – und erhält zusätzlich monatlich rund 5000 Schillinge aus New York. Eine Rente des dortigen Sigmund-Freud-Archivs. Als er 1977 wegen eines Kreislaufkollaps für einige Tage ins Krankenhaus kommt, bringt ihn der Klinikchef, ein Psychoanalytiker, anschliessend in der Irrenanstalt der Stadt Wien unter – obgleich er gewiss kein psychiatrischer Patient ist. Die Krankenschwester, die ihn in der Anstalt betreut, wird ebenfalls von den New Yorker Psychoanalytikern bezahlt.

Warum das alles? Sergej P. war Sigmund Freuds berühmtester Patient, der so genannte 'Wolfsmann'. Freud beschrieb diesen Fall 1918 in der 'Geschichte einer infantilen Neurose'. Er hatte den Wolfsmann von 1910 bis 1914 behandelt (1919/1920 noch einmal). Der reiche Jungaristokrat litt unter schweren Depressionen, die ihn buchstäblich lähmten: Zeitweise konnte er sich nicht ohne fremde Hilfe anziehen. Auch in seinem Triebleben fühlte er sich gestört. Er erzählte Freud einen Traum, den er als Vierjähriger hatte und der ihm später in der Psychoanalyse den Namen 'Wolfsmann' einbrachte: Vor seinem Fenster sassen weisse Wölfe auf einem Nussbaum und ängstigten ihn. Freud wollte in diesem Traumbild die 'Urszene' wiedererkennen – die frühkindliche Beobachtung des elterlichen Geschlechtsverkehrs. Nach mehrjähriger Behandlung entliess er den Patienten als 'geheilt'.

Freuds berühmter Patient griff im Alter selbst zur Feder. Er schrieb seine Autobiografie: 'Der Wolfsmann vom Wolfsmann' (1972 bei S. Fischer). Aber sie wird von den Vertretern des New Yorker Sigmund-Freud-Archivs redigiert, bevorwortet und herausgegeben. In dieser 'Selbstbiografie' werden Name und Identität ihres Verfassers nicht preisgegeben.

Doch der Wiener Journalistin (und studierten Psychologin) Karin Obholzer gelang es, den 'Wolfsmann' in einer Wiener Altbauwohnung ausfindig zu machen. Durch sie erfahren wir wenigstens einen Teil seines Namens: Sergej P. Von 1974–76 führte sie insgesamt vierzig Stunden lang Gespräche mit ihm (aufgezeichnet auf dem Tonband), die erst jetzt, nach seinem Tode (das war seine Be-

dingung) gedruckt werden durften: 'Gespräche mit dem Wolfs-mann' (Rowohlt). Die Psychoanalytiker vom Freud-Archiv in New York fühlten sich alarmiert, dass 'ihr' Wolfsmann einer Fremden, ei-ner Nichtanalytikerin, Interviews gab. Muriel Gardiner, die Her-ausgeberin seiner Selbstbiografie, riet telegrafisch dringend ab. Dr. Eissler, Direktor des Freud-Archivs, wollte zumindest von einer Ver-öffentlichung nichts wissen. Dank Karin Obholzer kommt der Wolfs-mann jetzt ungefiltert zu Wort: Aus seinem Munde erfahren wir, dass Freuds Deutung des berühmten Wolfstraums 'eine Konstruktion' und 'an den Haaren herbeigezogen' sei (und damit zerbricht der Angelpunkt der Analyse). Sergej P.'s Begründung: '... weil die Kin-der in Russland bei der Kinderfrau im Zimmer geschlafen haben, aber nicht bei den Eltern im Schlafzimmer'.

Der berühmteste Patient der Psychoanalyse, von Altmeister Freud 'geheilt', stand in seinen letzten Lebensjahren der Psycho-analyse voller Skepsis gegenüber. Sein beklemmendes Fazit: 'Mit der Psychoanalyse lebt man eigentlich mehr oder weniger mit frem-dem Verstand.'»

Seine Aussage, dass der Patient nur zu kurzweiligen Besserun-gen kommt und dies nur durch die Auslieferung an den Psychothe-rapeuten («Mit der Psychoanalyse lebt man eigentlich mehr oder weniger mit fremdem Verstand»), macht den heillosen Zustand recht deutlich. Heilung bedeutet demnach Auslieferung an den Psy-chotherapeuten. Mit diesem gemeinsam geht der Weg dann aus dem seelischen Dilemma zeitweise heraus. Fällt der Therapeut aber aus, so fällt auch sein Patient zurück in seine Krankheit. Der schon von seiner Krankheit geplagte Mensch wird zudem zu einem abhängi-gen, zu seiner Heilung willenlos sich dem Psychotherapeuten erge-benden Menschen. Statt Heilung kommt Sklaverei unter den An-weisungen der Therapeuten.

Freud heilte nicht, sondern benutzte seine Patienten als Studien-objekte oder Beweismaterial für seine Theorie. Dieses Ergebnis bestätigt sich auch durch die anderen klassischen Fälle wie den «kleinen Hans», die «Dora» und den Fall «Schreber».

Die neurotische Angst des kleinen Hans (Herbert Graf, geb. 1903 in Wien) vor Pferden wertete Freud als einen Sohn-Vater-Konflikt und erweiterte diesen Fall auf die Vatertötungsabsichten der Kinder allgemein. Aussagen hierüber erwähnten wir im vorigen Kapitel. Wir ersparen uns die genaue Schilderung der anderen beiden Fälle, da sie keine anderen Ansichten als die von uns vorgetragenen ergeben. Spätestens an Freuds Patienten müsste doch allen Freudanhängern die Brüchigkeit und Lüge seiner Aussagen über die menschliche Seele und deren Heilung sichtbar geworden sein. Dies aber ist nicht der Fall. Für die orthodoxen Freudianer kommt es nicht darauf an, ob ihre Theorie über die menschliche Seele dem Menschen hilfreich ist. Wichtig ist ihnen die Bestätigung der Freudspekulationen durch Lebensschicksale. Diese werden nach Gutdünken interpretiert und in die vorgefasste Theorie eingebaut, gerade so, wie Freud dies will. Wer aber nach der Wahrheit über die Seele des Menschen fragt, darf solchen Lügen und Spekulationen nicht folgen. Er muss neu das Phänomen der Seele erforschen und sehr sensibel sein, wenn seine Meinung vom praktischen Leben, worunter wir in diesem Zusammenhang die Erfahrung des Menschen ansprechen, abweichen. Eine Theorie, die sich an den Erfahrungen der Menschen vorbeistiehlt, bleibt für menschliches Leben unbrauchbar. Wird sie dennoch wider bessere Erfahrung angewandt, so macht sie den Menschen krank statt gesund, abhängig statt frei, dumm statt einsichtig.

Neben Freuds Patienten stehen auch alle heutigen schwer psychisch gestörten Menschen. Erfuhren sie, die psychotherapeutisch behandelten Leidenden, eine Heilung ihrer kranken Seele? Die Pflegestationen für chronische psychiatrische Fälle müssen diese Frage mit Nein beantworten. Auch wenn man heute Freud weit hinter sich gelassen hat und mit neuen Methoden der Gesprächstherapie oder mit der neu aufkommenden Hypnosetherapie seine Ohnmacht verschleiern will: Die kranken Menschen bleiben krank. Aufgrund eigener Erfahrung während eines Praktikums auf einer Station mit psychisch chronisch-kranken Patienten kann ich zu diesem Urteil kommen. Neurotiker, Schizophrene und stark Depressive wurden mittels Psychopharmaka «ruhig gestellt» und durch die

Tage des ihnen noch verbleibenden Lebens geschleppt, ohne dass sich ihr Zustand veränderte. Noch heute höre ich ab und zu aus diesem Haus, dass Patienten, die ich damals mitbetreute, verstorben seien, ohne je eine Veränderung erlebt zu haben. Es liegt wohl daran, dass der Mensch sich zum Seelenretter des Menschen machte und Gott dabei aus dem Heilungsprozess ausschloss. Der Mensch trat an die Stelle Gottes. Als Ergebnis erscheint der Tod derjenigen, die sich mit ihrer kranken Seele an Menschen auslieferten. Erst da, wo ein Arzt, eine Schwester, ein Psychologe, oder wer auch immer mit psychisch Leidenden zu tun hat, neben der Verhaltensbeobachtung auch Gottes Wirken und Gottes Heilungsanspruch für die kranke Seele voll bejaht, erst dort wird eine Heilung möglich.

Als Beispiel für diese Aussage steht ein junger Mann. Jahrelang plagte er sich mit einer starken Zwangsneurose herum. Ärzte und Psychotherapeuten konnten ihm nicht helfen. Seit er aber zum Glauben an den lebendigen Gott gekommen ist, bekommt seine gestörte Seele nach und nach ihre Heilung. Im Vertrauen und Glauben an den Seelenheiland darf er froh seine Strasse ziehen. Nicht die Psychiatrie ist seine Endstation, sondern der Weg in der Nachfolge Jesu eröffnet ihm Heilung und Lebensfreude. An diesem Beispiel zeigt sich deutlich, wie ernst es Gott mit Theorie und Praxis ist. Wenn er in seinem Wort die Mühseligen und Beladenen zu sich ruft und diese seinem Ruf folgen und zu ihm kommen, so werden sie heil an Leib und Seele. Theorie und Praxis, Rede und Tat passen hier zusammen, nicht aber bei Freud. Aus seiner Theorie lässt sich kein Leben in Freude, Freiheit und Heilsein leben. Damit entlarvt das Leben die Theorie als untauglich fürs Leben. Bleibt demnach nichts Brauchbares von Freuds Werk für seine Nachgeborenen übrig?

9. Was ist Wahrheit? – Freuds Werk auf dem Prüfstand

Wir könnten unter der Fragestellung, was wahr, zutreffend und somit richtig für menschliches Leben sei, in eine ausführliche Diskussion treten. Philosophen und Erfahrungswissenschaftler kämen zu Wort, und mit ihnen würde das menschliche Ringen um die Wahrheitsfrage sichtbar werden. Fakten über Fakten würden vor uns erscheinen, die für sich genommen sicher zutreffende Aussagen über menschliches Leben enthielten. Doch wie sind diese zusammenzusetzen und als verbindlich für alle Menschen zu bestätigen? Des Menschen Abhängigkeit von seinen persönlichen Eindrücken und Erkenntnissen, sein Welt- und Menschenbild würde diese Zusammensetzung immer beeinflussen, würde Richtung und Gesamtbild bestimmen. Damit erscheint aber nicht die Wahrheit, sondern die Subjektivität, nicht die Objektivität, sondern die Relativität. Mit diesem Ergebnis lässt sich die Wahrheitssuche des Menschen nicht abspeisen. Der Mensch resigniert und wird einseitig. Ob Realist, Atheist oder Diktator seiner eigenen Theorie der Dinge – der Mensch findet alleine keinen zutreffenden Rahmen, keine gültige, wahre Ordnung, in die er all seine Ergebnisse über menschliches Leben, über Gott und die Welt als wahr und für alle Menschen allgemein verbindlich einfügen könnte.

In den Geisteswissenschaften kann man dies bestätigt finden. Schulmeinungen streiten gegen Schulmeinungen. Ob zum Problem der menschlichen Aggressivität, Liebesfähigkeit oder Moralität: Immer hat der eine gegen den anderen «mehr Wahrheit». Menschen, die nun ganz schlau sein wollen, schlagen vor, alle Schulmeinungen aufzulösen, ihnen jeweils das Zutreffende zu entnehmen und dieses dann als wahre Aussage, z. B. zu dem menschlichen Problem der Aggression, zusammenzusetzen. Doch wieder tritt die Frage nach dem richtigen Rahmen, der richtigen Sicht für die Zusammensetzung der einzelnen Fakten auf. Das Problem der Wahrheitsfindung beginnt erneut – der Mensch dreht sich im Kreise.

Wie findet man aus diesem Zirkeldenken heraus? Neben den Naturwissenschaften, die zum grossen Teil aufgrund exakter Methoden ihre Aussagen überprüfen können, sind alle Erfahrungswissenschaften auf einen Rahmen, auf Ordnungsstrukturen angewiesen, in die sie die von ihnen erbrachten Beschreibungen menschlichen Verhaltens einfügen. Sie sind darum genötigt, die

Wahrheit über den Menschen zu kennen, um neben der Beschreibung auch Hilfe und Orientierung geben zu können. Wo aber ist diese Wahrheit zu finden? Geht man auf dem Hintergrund dieser Frage einmal alle Religionen und Ideologien durch, so findet man menschliche Wahrheitsorientierungen. Marxisten und Darwinisten, Atheisten und Nihilisten haben in ihren Glaubensüberzeugungen ihre Ordnungskriterien für die Einordnung der von ihnen erarbeiteten Fakten. Nehmen wir z. B. Sigmund Freuds Atheismus und Materialismus. Sexualität, Träume, Religion usw. finden neben ihren Fakten, die eindeutig auszumachen sind, ihre Einordnung durch Freud. Erst durch ihre Zusammenstellung kommen sie zu ihrer Wirkung und damit auch zu ihrer Macht.

Wie man in der Biologie seit Darwin fast alle Fakten durch das Ordnungssystem der Evolutionstheorie deutet, so erhalten Sexual- und Traumverhalten durch die Freudsche Theorie des psychischen Apparates ihre Deutung. Wie weit man mit solchen Denkmodellen kommt, liegt nach Darwin und Freud auf der Hand. Beide führen durch ihre Theorien den nach Wahrheit suchenden Menschen in die Irre, weg von Gott und hin zum Menschen Darwin, zum Menschen Freud. Erst wenn man aufgrund anderer Wahrheiten die Möglichkeit hat, ihnen zu widersprechen, kommt man aus ihrem Bannkreis. Für die Evolutionstheorie wie für die Psychoanalyse ist aber neben den Welt- und Menschenbildern das Leben selbst die beste Prüfstelle für diese Theorien. Wenn man beispielsweise in der Biologie wieder neu lernt, die Phänomene des Lebens zu beobachten, so stösst man auf einen Schöpfer, der allem Leben eine wunderbare Ordnung und damit gleichzeitig eine Lebensgrundlage gab. Erich Hitzbleck beschreibt dies auf sehr anschauliche Weise anhand von vielen Beispielen in seinem Buch «Die Schöpfung als Gottesoffenbarung» (1983). Ebenso geht es der menschlichen Seele, wenn sie nach ihrem Ursprung und Heil bei Gott nachfragt. Wie wenig Freud helfen konnte, zeigten uns schon seine Patienten. So wollen wir uns der Wahrheit Gottes nähern, um wieder klare und hilfreiche Ordnungsprinzipien für die Fakten der Psychologie und den Heilungsprozess der kranken Seele zu bekommen.

Sucht man in der Bibel nach der Wahrheit, so stellt man schnell fest, dass sie hier nicht diskutiert wird. Schon die Pilatusfrage, an Jesus gerichtet: «Was ist Wahrheit?» (obwohl Jesus ihm doch sagte, dass er für die Wahrheit mit seiner ganzen Existenz und seinem ganzen göttlichen Sein eintrete), trifft ins Falsche. Sie flüchtet vor der Wahrheit, die in Jesus offenbar wurde. Warum bloss? Vielleicht spürte Pilatus während seiner Begegnung die Konsequenzen für sich, wenn er sich nach der Wahrhaftigkeit Jesu richten würde.

In der Bibel finden sich keine Wahrheiten im Sinne der Widerspruchslosigkeit eines Begriffs, der rein erkenntnismässig behandelt würde, wie dies z. B. in der Wissenschaft geschieht. Die Wahrhaftigkeit der Bibel muss *erfahren, offenbart, erlebt* und *gelebt* werden. Bevor wir dies näher durch die Bibel ausleuchten, machen wir einen kleinen Gang in die Wissenschaftstheorie. In dieser Disziplin der Wissenschaften werden die Grundlagen für rechte wissenschaftliche Erkenntnisse überprüft, bewertet und vorgeschlagen. Der aus Österreich stammende und seit 1949 in England lebende Philosoph und Wissenschaftslogiker Karl Popper (1902–1994) belegt auf seine Weise, dass Wahrheit (Annäherung an *die* Wahrheit im strengen Sinn) durch praktische Erfahrbarkeit, durch Versuch und Irrtum herausgefunden wird. Mit dieser Methode kommt Popper im Bereich der Erfahrungswissenschaften dem sehr nahe, was die Bibel bezeugt. Wie gelangt Popper zu dieser sehr lebensnahen Überprüfung von angeblich wahren Aussagen? Für ihn ist es nicht möglich, durch den Verstand oder durch die Sinne zu letzten offenbaren Gewissheiten zu kommen. Selbst die unmittelbare Sinneswahrnehmung ist für ihn bereits eine Deutung. So stehen am Anfang des Wissens immer Mutmassungen, Modelle und Hypothesen, die überprüft werden müssen. Bezogen auf die Religion und ihre Offenbarungen ist er sehr skeptisch. Sicher auch zu Recht; denn verstandesmässige Ableitungen von Offenbarungen Gottes müssen widersprüchlich sein, wenn sie im Leben des Menschen keine Bestätigung finden.

Bei der Bewertung von Freuds Werk wenden wir auf unserem Prüfstand zwei Massstäbe an:

1. die geoffenbarte, erfahrbare und lebbare Wahrheit der Bibel;
2. die kritische Methode, wissenschaftliche Aussagen in der Lebenspraxis zu überprüfen.

Zunächst erscheint der Gott der Bibel in all seinem Reden und Handeln wahrhaftig. Seine Wirklichkeit erscheint als Wahrheit. Sein Wesen, Reden und Tun stehen in genauer Übereinstimmung (2. Korinther 1,20). So kann der Gläubige mit fester Zuversicht auf seinen Gott bauen, mit ihm rechnen und bei ihm das Fundament seines persönlichen Heils finden. Die Psalmstellen 36,6; 40,11 und 91,4 bezeugen dies. Die Psalmsänger erlebten Gottes Treue, seine Durchhilfe und seine Ordnungen als wahr und wirksam für ihr Leben. Bemerkenswert ist die Verbindung von Gottes Wahrhaftigkeit und Güte. Wer Gottes Wahrheit erfährt, erlebt gleichzeitig seine Güte. Hier sehen wir die Verbindung von Offenbarung und Leben, von Theorie und Praxis, die einander nicht ausschliessen. Im Neuen Testament erscheint Jesus als die Wahrheit. Er ist wahrer Mensch und wahrer Gott in seinem ganzen Wesen. Sein Reden und Handeln, seine Erlösungstat von Golgatha bestätigen dies. Selbst den Spöttern und den Theologen seiner Zeit erschien die Wahrheit über Jesus mit seinem Tod am Kreuz. Der Vorhang im Tempel zerriss von oben bis unten – erlebbare Realität der Wahrheit Jesu.

Gleichzeitig aber sind durch Jesus alle göttlichen Heilsverheissungen erfüllt worden, womit er die göttliche Wahrheit bestätigte. Nach Jesu «Auffahrt gen Himmel» (dem Zurückziehen in die göttlichen Dimensionen) kam der Heilige Geist zu den Menschen, um an Jesu statt weiterzuwirken. Über ihn sagt Gottes Wort, dass er der Geist sei, der in alle Wahrheit führt (Joh. 16,13). Damit ist in kurzen Zügen die Wahrheit Gottes gegenüber allen menschlich klein gemachten Wahrheiten ausgewiesen; Gott Vater, Sohn und Heiliger Geist sind die Wahrheit menschlichen Lebens. Deutlich wird diese Wahrheit im Leben der Menschen, die Jesus Christus als ihren persönlichen Retter angenommen haben und ihm folgen wollen. Sie wissen um die Wahrheit. Wehe denen aber, die die einmal erkannte Wahrheit Gottes verleugnen und andere in die Irre führen. Wie wir schon bei der Besprechung der Seele zeigten, ist das Wort Gottes für existentielle Fragen menschlichen Lebens als Ordnungssystem massgebend. Dies besonders für den, der in seinem Leben die Wahrheit Jesu Christi erfahren hat.

Wer diese Einstellung als naiven Biblizismus oder als Engführung bezeichnet, ist nicht offen für die Wahrheit. Erst wenn er in seinem Leben die göttlichen Wahrheiten erfahren hat, kann er hierzu eine zutreffende Äusserung machen. Mit Bestürzung nehme ich die Haltung etlicher Christen wahr, die Gott als den Autor der Heiligen Schrift nicht anerkennen. Fürchten sie sich vor den Konsequenzen, die hieraus für ihr Denken und Handeln entstehen könnten?

Da wir die ganze Zeit von der Wahrheit Gottes sprechen, müssen wir noch einige klärende Worte zum Umgang mit der Bibel einfügen, um nicht sogleich durch verschiedene Theologien widerlegt zu werden.

Die meisten Menschen erfahren täglich die vernichtende Wirkung eines Gesprächs unter Menschen, das permanent unterbrochen wird. Der, der etwas sagen möchte, der zu einer Aussage aufgefordert wurde, kann nicht verstanden werden, wenn man ihm nicht zuhört. Für ein gutes Gespräch ist es wesentlich, dass der Empfänger der gesendeten Botschaft diese nicht stört, sondern sie in Ruhe aufnimmt. Das ist eine notwendige Gesetzmässigkeit für eine Information, die beim Empfänger so ankommt, dass der Sender verstanden wurde. Sicherlich darf der Empfänger zurückfragen, wenn er etwas nicht verstanden hat, oder gar die Botschaft wiederholen, um durch diese Wiederholung in genaue Absprache mit dem Sender zu treten – «Hast du dies so gemeint?»

Dieses aber berücksichtigen etliche Menschen nicht, wenn sie die Bibel lesen, auslegen oder sogar, ohne sie recht gehört zu haben, verfälscht weitergeben. Da die Bibel beansprucht, Gottes Wort zu sein, muss der Empfänger ihrer Informationen sich an die Gesetze für Empfangsbedingungen halten; er muss ihr zuhören, ohne sie sogleich zu widerlegen. Neben dieser Grundvoraussetzung für Kommunikation kommt hinzu, dass Gott Gott ist. Was meinen wir damit? Wenn sich Gott in all seinen Weisheiten rein göttlich dem Menschen offenbaren würde, so könnte der Mensch ihn nicht verstehen, ihm nicht begegnen. Wir können uns dies verdeutlichen, wenn wir einen Wissenschaftler rein wissenschaftlich über das menschliche Leben zu einem zweijährigen Kind sprechen lassen. Das Kind würde nichts verstehen, da es in diesem Zeitabschnitt seiner Denkfähigkeit die gesendeten Informationen nicht aufnehmen kann. Spricht der Wissenschaftler aber auf der Empfangsebene des Kindes, für das Kind, kindgerecht, so kann er diesem etliches über menschliches Leben mitteilen. Ähnlich handelt Gott. Gott offenbart sich in seinem Wort so, dass wir ihn verstehen können. Gott spricht unsere Sprache und offenbart sich in unserer Geschichte. Hieraus folgt kein Widerspruch zu der Auffassung, dass die Bibel von Menschen geschrieben ist, deren Geist vom Geist Gottes geleitet wurde; denn nur wenn Gott in unserer Sprache spricht, wird er uns verständlich. Wem dies einmal deutlich wurde, der sieht, dass er mit der Bibel nicht umgehen kann, wie er will. Text und Sprache sind eindeutig, und der Sender hat das Recht, seine Botschaft zum Nutzen des Empfängers ohne Unterbrechung zu senden. Eine mutwillige Unterbrechung ist immer eine Risikoschwelle für zutreffenden Empfang und richtiges Verständnis.

Hieraus ist die Konsequenz, dass wir Gott zuhören müssen, wenn wir ihn kennen lernen und verstehen wollen. Praktisch heisst das, dass wir die Bibel als Gottes gute Botschaft für uns hören sollen, ohne zu unterbrechen. Haben wir dies getan, so können unsere Fragen und Einwände kommen. Wenn wir dies praktizieren und in unserem Leben Gottes Weisungen und Prinzipien anwenden, werden wir die Wahrheit erkennen und «die Wahrheit wird uns frei machen». Als Martin Luther erkannte, dass das Wort Gottes die Wahrheit für menschliches Leben enthält, konnte er mutig vor Reich und Kaiser ausrufen (1521): «Hier stehe ich, ich kann nicht anders!» Hätte man ihn gefragt, warum er nicht widerruft, so wäre seine Antwort gewesen: «Weil Gottes Wort für mich die Wahrheit spricht über all die Auswüchse und Verfehlungen in meiner Kirche.» Eine Haltung aber, die wider die Grundvoraussetzungen der Kommunikation steht und meint, eine besondere Methode entwickeln zu müssen, um Gott zu erkennen, wird von Gott immer menschlich sprechen. Wer die Bibel nicht als geoffenbartes Wort Gottes akzeptiert, der tut gut daran, nicht mit ihr – weil dann nur gegen sie – über Gott zu sprechen. Eine Theologie, die mit sprachwissenschaftlicher Textkritik das Bibelbuch durchforscht, muss zu einer Antitheologie für Menschen werden, da sie ausschliesslich menschlich von Gott spricht. Damit aber macht sie ihn, den lebendigen Gott, klein und massgeschneidert, dem menschlichen Denken und Verstehen eingepasst. Die Aussage, dass viele Theologen verschiedenster Denkansätze verschiedene Theologien produzieren, passt hier herein. Damit erscheinen für den suchenden Menschen viele Gottesbilder. Unter all diesen ruft er dann zu Recht nach dem *einen* Gott. Den Christen sei in diesem Zusammenhang als Ermahnung ein Wort Luthers mit auf den Weg gegeben. «Wir aber, die da wollen Christen und des Glaubens sein, sollen nicht danach sehen noch fragen, was Menschenweisheit hier (es geht um theologische Fragen zu dem Verhältnis von Wort und Geist)[25] sagt, oder wie es sich mit der Vernunft reimt, sondern was uns die Schrift lehrt.»

Prüfen wir jetzt das Werk von Freud. Seine Erforschung der Psychoneurosen liess ihn einige Tatsachen menschlichen Seins aufdecken, verschloss ihm aber aufgrund seines Vorverständnisses den Blick für das eigentliche Problem. Obwohl er etliches von der Seele des Menschen blossstellte, erkannte er sie dennoch nicht. Das Fehlen einer echten Aufarbeitung der Frage nach der Seele des Menschen führte Freud immer weiter in die Irre. Durch eigenmächtige Vorstellungen vergewaltigte er die Seele zu einer blossen Sexualenergie. Ihre Lebendigkeit wird damit erstickt. Auf dieser Grundlage kann Freud mit seinem Werk nicht bestehen. Das Leben widerlegt ihn und überführt ihn der Vergewaltigung der menschlichen Seele. Noch heute müssen die Folgen dieser Tat getragen werden. Statt Leben zu fördern und zu heilen, zerstörte er es durch das Gift seiner falschen Theorien. Bei genauer Werkprüfung finden wir zu dem Ergebnis, dass Freud in seiner Theorie nicht wahrhaftig war und dass sich mit ihr nicht leben lässt. Kein psychisch Leidender ist je von Freud selbst geheilt worden. Psychoanalyse als Intellektuellenhobby ist zu gefährlich, da sie auf einer Vergewaltigung der Seele gründet. Wer sich als Freudjünger bezeichnet oder als Akademiker mit Freudzitaten glänzen möchte, mache sich klar, wer Freud war und wie sein Lebenswerk aussieht.

Wenn man beides zusammenfasst, erscheint ein Mensch vor uns, der nur sich selbst sieht und am eigentlichen Leben vorbeilebt, weil ihn dies nicht interessiert.

Freud schrieb in einem Brief an Marie Bonaparte: «Im Moment, da man nach Sinn und Wert des Lebens fragt, ist man krank.»

Merken wir, wie krank, wie lebensfern Freud war?

Abschliessend seien noch einige kritische Anmerkungen in kurzen Worten zu Freuds Werk genannt:

1. Psychische Krankheiten werden nach Freuds Sicht mit ursächlicher Zwangsläufigkeit aus dem Unbewussten erklärt.

   Kritik: Psychische Krankheiten können mit Vorgängen des Unterbewussten, mit frühkindlichen Erfahrungen zusammenhängen, müssen es aber nicht. Zum einen können sie z. B. auch als Sinnverlust gedeutet werden, was durch Vergleiche mit der Lebenspraxis gezeigt werden kann. Zum anderen handelt es sich bei psychischen Störungen ursächlich um falsche Reaktionen, falsche Denkgewohnheiten und Gesinnungen (auch in Bezug auf frühkindliche Erfahrungen).

2. Für Freud beruht der Traum auf sexuellen Wunschmotiven.

   Kritik: Zu fragen ist entgegen Freud, ob Träume nicht auch auf Erinnerungs- und Phantasiemotiven beruhen. Eine umfassende Traumpsychologie hat die Aufgabe, alle Möglichkeiten zu berücksichtigen.

3. Psychoanalyse begreift nach Freud jedes zwanghafte Seelengeschehen von einem Punkt aus.

   Kritik: Die in Einzelfällen vielleicht zutreffende Analyse darf nicht zu allgemeingültigen Gesetzen ausgegeben werden (z. B. der Fall des kleinen Hans für die allgemeine Erklärung der Religion; Freuds eigene Kindheit für den Ödipuskomplex und für jede Kindheit).

4. Psychoanalyse ist für Freud in erster Linie Sexualanalyse.

   Kritik: Die Anwendung der Psychoanalyse zerreisst in ihrer rück-
   haltlosen Anwendung das Schamgefühl des Menschen. Dieses ist
   aber u. a. wichtig zum Aufbau einer sittlichen Persönlichkeit.

5. Psychoanalyse deckt für Freud die Abgründe des Ichs auf.

   Kritik: Es hilft dem Menschen nicht, wenn man ihm seinen
   eigenen Sumpf zeigt, ohne ihn aus diesem befreien zu können.
   Ferner wird der eigentliche Sumpf des Menschen – das Ge-
   trenntsein von Gott und die daraus entstehenden Folgen – ausser
   Acht gelassen.

6. Freuds Theorie entlarvt Gott angeblich als eine Religion.

   Kritik: In Freuds Religionskritik erscheint seine Wahrheitsfeind-
   lichkeit und Wertblindheit. Keines seiner Argumente zum Mythos der Urhorde, seine Ableitung des Abendmahls aus den To-
   tenmahlzeiten, die das Aufessen des Urvaters bedeuten sollen,
   sind in Bezug auf Wahrhaftigkeit ernst zu nehmen.

Durch Sigmund Freud ist das zwanzigste Jahrhundert historisch
gesehen auch als «das Jahrhundert der Psychologie» zu beschreiben
(vgl. Miriam Gebhardt: Sünde, Seele, Sex. Das Jahrhundert der
Psychologie. München 2002). Nach den historischen Untersuchungen von Miriam Gebhardt (Historikerin) führte Freuds Werk in
seiner Wirkungsgeschichte zu «Tod und Mystifikation der Familie» (vgl. ebd., S. 79–83). Sie schreibt: «Er (S. Freud – krb)
hat grundsätzlich das Augenmerk auf die frühe Kindheit gelenkt.
Allein die Tatsache, dass er die wesentlichen prägenden Erlebnisse
in den frühen Jahren sah, (…) allein diese Grundannahme reichte
aus, dass bis heute die Familie als Brutstätte der Neurosen gilt. (…)
Freuds Nachwirkungen haben letztlich zur Mystifikation der Familie beigetragen. Auch wenn eigentlich erst seine Nachfolger das
Verhalten der realen Eltern in den Vordergrund stellten, bleibt Freud
der Vater der These von der familiären Determiniertheit neurotischer Störungen.» (vgl. ebd., S. 82 ff.) Welche Wirkungen das bis
heute hat, wird im dritten Kapitel der vorliegenden Studie weiter
ausgeführt.

Durch Freud wird der Mensch vom Grunde seiner Existenz losgerissen. Die Ganzheit des Menschen wird gesprengt, seine Triebe und sein Unbewusstes werden von seinen übrigen Seinsweisen isoliert.

Hier wird der Mensch nur dann zum Menschen, wenn er seinen Trieben lebt und Lust- und Realitätsprinzip einigermassen ausgleicht. Sinn- und wertlos treibt er dabei aber durch das Leben als ein widersprüchliches Triebwesen. Heilung und Sinnfindung bleibt ihm aufgrund des Freudschen Werkes versagt.

Wollen wir hingegen die Heilung kranker Seelen und ein sinnvolles Leben, so müssen wir zur Wahrheit Gottes zurückkehren.

Für die Psychologie entstehen durch Freud keine Antworten, die einer wissenschaftlichen Überprüfung standhalten. Prof. Dr. Dietrich weist in seinem Buch «Psychologie contra Seelsorge», Neuhausen-Stuttgart, 1984, S. 137 ff. darauf hin. Demnach ist sie auch für ihn «zu einer Glaubensangelegenheit oder besser zu einer Ideologie geworden». Sexualität, Träume und Persönlichkeitsfragen sind jenseits von Freud zu beantworten.

Mit der Freudschen Psychoanalyse tritt man auf der Stelle.

Ein Weiterkommen ist für die Menschheit hier nicht möglich. Besinnen wir uns also wieder neu auf die Wahrheit der Bibel und lassen wir sie als Ordnungssystem für psychologische Fakten wirksam werden, um psychisch kranken Menschen Heilung und psychologischen Aussagen über menschliches Leben Wahrhaftigkeit zukommen zu lassen.

Kapitel 3

Freuds Wirkungen

Auf Umwegen scheint Freud nun doch zum grössten Anwalt der Menschenseelen geworden zu sein. Wenn ihm auch zeit seines Lebens keine grossen Denkmäler gesetzt wurden, so doch nach seinem Tode. Diese reichen von herausragenden Anerkennungen bis zum breiten Bewusstsein unter den Menschen in der westlichen Welt über einige Begriffe seiner Theorie. Sein Name wird den meisten bekannt sein. Worte wie sublimieren, verdrängen, Freudsche Fehlleistung, orale und genitale Phase, Narzisst, Ödipuskomplex und die freimütige und spekulative Äusserung über einen erlebten Traum sind breit in der Öffentlichkeit zu hören. «Freud sagte …» – «nach Freud …» – sind andere Schlagworte, die in Gesprächen hier und dort auftauchen. Ist Freud demnach fast in aller Munde? Einige seiner Begriffe sicher, da sie mindestens in Intellektuellenkreisen zu Schlagworten geworden sind. Doch weiss man eigentlich, was man sagt, wenn man Freud zitiert? Oftmals sind seine Begriffe im Munde aller blosse Phrasen, schemenhafte, nebulöse Ausdrücke. Die mit der Aussage transportierte Botschaft wird oft nicht gehört, da sie beliebig interpretiert wird. Dies ist die eine Seite seiner Wirkung. Freud scheint bekannt und berühmt zu sein. Die anderen Seiten seiner Wirkung wollen wir kurz beschreiben:

I. Vom Gesprächs- zum Jüngerkreis

Die Wirkung Freuds auf seine Umgebung und auf andere Menschen begann zu dem Zeitpunkt, da er die Isolation seines Lebens durchbrechen konnte. Wie wir bereits im ersten Kapitel dieses Buches zeigten, begann diese Auflösung im Oktober 1902. Schon durch Stekels Äusserung «Ich war der Apostel Freuds, der mein Christus war» erschien die erste Wirkung der psychoanalytischen Theorie von Freud. Der von ihm gesäte Samen begann zu keimen und nahm Gestalt an. Eine neue «Religion» wurde geboren. Die «Psychoanalytische Mittwochs-Vereinigung» war im Besitz der Wahrheit, da ihr «Heiland» Sigmund Freud diese in Person repräsentierte. Alles, was in Diskussionen gegen ihn sprach, wurde verdammt und der Unwahrheit geziehen. Der Glaubenskampf, die Bewährung der Theorie in Praxis und Leben, begann. Wie wir ebenfalls schon zeigten, bildeten sich an den verschiedensten Orten als weiterziehende Kreise der Mittwochsvereinigung psychoanalytische «Vereine». Der Gesprächskreis erweiterte sich damit bis hin zu den internationalen psychoanalytischen Kongressen. Von Österreich ausgehend, 1909 nach Amerika kommend, verstärkte sich die Zahl der Freudjünger, und Freuds Ideen verbreiteten sich nach und nach in Europa und in Übersee. Doch damit nicht genug. Nach den ersten überstandenen Flügelkämpfen in den Reihen der Freud-«Apostel» bildete sich der harte Kern der wahren Freudjünger heraus. Sándor Ferenczi, Otto Rank, Karl Abraham, Hans Sachs, Ernest Jones und Max Eitinger, die zu dem so genannten Komitee gehörten, wirkten nun als rechte Apostel der psychoanalytischen Religion, treu der Lehre ihres «Rabbi» Freud ergeben.

Der Psychoanalytiker und Sozialphilosoph Erich Fromm (1909–1980) studierte zum Beispiel bei Otto Rank. Über Otto Rank und Erich Fromm wirkt Freud so bis heute nachhaltig auf viele Millionen Menschen, werden so seine Gedanken und Lehrsätze weitergetragen. Wenn Fromm auch sehr darum bemüht war, die Freudschen Fehler zu überarbeiten und von der Psychoanalyse zu einer neuen Gesellschaftsanalyse zu kommen, so ändert dies dennoch nichts an der Multiplikationswirkung der Freudschen Theorie durch Fromm. Einen gründlichen Überblick über die Wirkung Freuds durch seine Schüler und deren Schulen bietet das Werk von Dieter Wyss: «Die tiefenpsychologischen Schulen von den Anfängen bis zur Gegenwart», Göttingen 1972[4]. Wenn Freud durch seine Schüler auch hier und da in Detailfragen modifiziert wurde, so blieb seine Theorie doch erhalten. Wer sich wissenschaftlich nicht direkt mit Freud befassen muss, wird über seine Jünger von ihm früher oder später erfahren. Zum Teil sind diese bemüht, ihren Meister zu korrigieren, um damit sein Erbe zu hüten und gegen berechtigte Kritiken zu schützen. Noch immer umgeben vom Eifer, die «Religion» der Menschenseele von Freud weiterzutragen, diskutieren seine Jünger heftig und dogmatisch. Überzeugt von der Zuverlässigkeit Freudschen Denkens kämpfen sie jede Kritik an ihm zu Boden. Ein einmal überzeugend vorgetragener Zusammenhang seelischer Funktionalität, etwas von der Erklärung der Seele als einem psychischen Apparat oder die Aufgliederung der Persönlichkeit in «Ich», «Es» und «Über-Ich» setzt sich fest und wird entsprechend einem Dogma verbreitet. Die Folgen solcher Haltungen sind Blindheit für die Realität menschlichen Lebens und Flexibilitätsverlust für das ständige Überprüfen der von Freud getroffenen Äußerungen durch Beobachtung der Lebenspraxis. Ein Beleg für diese These ist die Aufdeckung von «Grundirrtümer in der Psychologie», die Jerome Kagan zu verdanken ist (vgl. Jerome Kagan: Die drei Grundirrtümer der Psychologie.Weinheim/Basel 2000). Kagan ist seit 1964 Professor für Entwicklungspsychologie an der Harvard University und gilt als ein herausragender Vertreter seines Faches. Er entlarvt u. a. den Kindheits-Determinismus, bei dem kritische Phasen unterstellt werden, so z. B. jene Überzeugung, «dass die mütterliche Bindung zum Kind in den ersten kritischen Stunden nach der Geburt entstehen muss, wenn die Entwicklung des Kindes sich normal vollziehen soll» (vgl. ebd., S. 125). Es sind aber weniger die sensiblen Phasen, sondern vielmehr generell die Erlebnisse und Erfahrungen, die wir Menschen im Laufe unserer Entwicklung machen, die uns prägen. Die von Freud betonten frühkindlichen Traumata standen lange Zeit für Pädagogen, Psychiater und Psychologen auch unter dem Diktum des unabdingbar den Menschen bestimmenden Einflusses auf seine Persönlichkeitsentwicklung. Doch auch sie können inzwischen widerlegt werden, da es wesentlich darauf ankommt, das gesamte psychosoziale Umfeld des Menschen in den Blick zu nehmen. Es sind sicher hier und dort bei Menschen schwerwiegend negative Erfahrungen in der Kindheit gemacht worden, die aber später durchaus überwunden werden können, wenn Akzeptanz und Wertschätzung erlebt wird, sodass sich ein entsprechendes Selbstwertgefühl bilden kann.

Die Wirkungswellen vom Meister zu seinen Jüngern sind gewaltig. Noch heute lassen sich eingefleischte Freudjünger zu der Aussage verleiten, dass das Abendmahl eine Totenmahlzeit sei, eine Teilnahme am Tode Christi, und somit primitiv kannibalistisch. Ich selbst habe dies während einer Seminarveranstaltung über Freudsche Psychoanalyse aus dem Munde eines Professors gehört. Spüren wir, wie respektlos und brutal andere Menschen in ihrem Glauben beleidigt und diskriminiert werden? Auf ihre Weise ist die psychoanalytische Theorie brutal. Wer sich ihr nicht anschliesst, ist für sie entweder dumm oder zurückgeblieben. Doch lassen wir uns durch solche Äusserungen nicht erschrecken oder entmutigen, den Weg der Wahrheit getreu dem Worte Gottes zu gehen.

2. Vom Gottesmord zur psychoanalytischen Religion

Schon verschiedene Male erwähnten wir den Engländer Ernest Jones. Besonders bekannt geworden ist er durch die Erforschung der Psychoanalyse in seinem grossen Werk über Leben und Werk Sigmund Freuds (vgl. Literaturverzeichnis). Ferner sind von ihm einige Publikationen zum Christentum erschienen. Einiges hiervon soll uns beispielhaft verdeutlichen, dass nach dem «Tode Gottes» die Psychoanalyse Gottes Platz einnahm – der Glaube an Gott wurde durch den Glauben an die Psychoanalyse ersetzt. In seiner psychoanalytischen Studie über den Heiligen Geist[26] entmythologisiert Jones Jesus Christus als wahren Gott und wahren Menschen, indem er ihn als eine Mythengestalt, geschaffen durch die Phantasie und den Glauben der Menschen, angeblich demaskiert. Er schreibt: «Was die Zeit auch über die historische Persönlichkeit des

Gründers des Christentums enthüllen mag – es herrscht unter denen, die vergleichende Religionsforschung betrieben haben, kein Zweifel, dass vielen der Glaube, der sich um seine Person rankt, der ursprünglichen Grundlage angefügt und von fremden heidnischen Quellen angeleitet wurde: Der Name christliche Mythologie mag diesen Abweichungen mit Fug und Recht zugesprochen werden.»[27] Weiter bezieht er sich auf Freud und schreibt: «Ihm zufolge stellt das Hauptdogma der christlichen Religion – nämlich der Glaube, dass die Menschheit durch den Opfertod Jesu Christi am Kreuz von ihren Sünden erlöst werden soll – eine Ausarbeitung des primitiven totemistischen Systems dar.»[28] Damit erscheint uns in dem Freudjünger Jones die Verkündigung des «Todes Gottes» durch die Psychoanalyse. Ohne Beweise für diese Behauptung beizubringen, setzt er sich gegen Gott und für die Psychoanalyse ein. Dem Christen, der die Vergebung seiner Schuld durch den Kreuzestod Jesu erfuhr und aus dieser Totalreinigung lebt, steht eine Spekulation, eine Lüge, ein wirklicher Mythos entgegen. Nur mit Schaudern mag man den weiteren Ausführungen Jones' folgen. Spott und Hohn entspringen seiner Feder, aufgezeichnet für seine Jüngerschar, gerichtet gegen die Jünger Jesu.[29] Da nur die Psychoanalyse wahre Aussagen über menschliches Leben zu machen scheint, erdreistet sie sich, über Sachverhalte zu urteilen, die sie im Grunde überhaupt nicht versteht. Das Doppelgebot der Liebe wird für sie zur geläuterten Homosexualität, die Empfängnis Marias durch den Heiligen Geist zu einer kindischen Theorie und der Glaube an Jesus Christus als dem Erretter von Sündenschuld zu einer primitiven totemistischen Aufarbeitung einfachster Regungen der Menschheit.

Damit sehen wir schon bei Freuds engsten Vertrauten die atheistische Wirkung seiner Theorie aufgehen. Sie, die angeblich Klugen und Weisen, verbreiten durch ihre Schriften das atheistische Gift unter die Akademiker. Diese selbst fragen zunächst nicht, ob Freud die Wahrheit sagt oder nicht. Seine Theorie besticht und bietet sich ihnen als eine gedankliche Alternative zur Offenbarung Gottes über die Seele des Menschen an. In Gesprächen mit solch überzeugten Akademikern kann man es hören: «Alles Quatsch, primitiv, infantil: An Gott zu glauben oder gar den Kreuzestod Jesu Christi für die Vergebung eigener Schuld zu akzeptieren.» Doch während sie so sprechen und sich klug vorkommen, merken sie nicht, wie sie den Tod um sich herum verbreiten. Die Pest solcher Meinungen und Äusserungen schleicht durch alle Winkel akademischer Gelehrsamkeit, die ohne Gott zur wahren Erkenntnis finden will. Erst wenn man wieder nach der Lebensrealität der Psychoanalyse fragt und den Blick von sich zu Gott erhebt, kann man den Krankheitserreger der psychoanalytischen Theorie abtöten.

Gott gab sie dahin – als Ergebnis erscheint Freuds Denken gottlos und doch gleichzeitig hoch religiös. Denn solche und ähnlich klingende Äusserungen über Gott stehen gegen die Realität, werden gegen besseres Wissen zum Trotz gegen Gott und zum Schutz für ihren «Gott» Freud erhoben.

Diese Wirkung Freuds zeigt uns unmissverständlich, dass Christen Kritiker Freudschen Denkens sein müssten. Die Konsequenzen Freudschen Denkens, wie sie exakt von Jones aufgezeigt wurden, schlagen letztlich gegen Freud zurück. Doch dieser hatte sich entschieden: Sein «Ich» setzte sich gegen Gott und wurde so für viele selbst zum Gottesersatz. Bleiben wir aufrichtig in unserem Denken, so müssen wir die Ausschliesslichkeit von Gott und Freud zugeben.

Durch die Psychoanalyse ruft der Mensch sich selbst zum Gott aus. Sein Denken ist seine Wahrheit. Diese falsche, verlogene Wahrheit kann nur durch den Christen entlarvt werden, der in seinem ganzen Sein Gott gehorsam und treu folgt. Er bezeugt dann durch sein Leben, dass Gott lebt, Jesus Christus ihn von seinen Sünden frei gemacht hat und er deshalb ein sinnerfülltes und glückliches Leben führen kann. Vor der konsequenten Rezeption Freudschen Denkens müssen wir warnen, da sie in die Irre führt.

Wenn wir von Jones ausgehend den Bogen bis in unsere Zeit schlagen, so finden wir Begründungen zur Frage, warum heute so wenige Akademiker an Gott glauben. Haben sie erst einmal Freud für sich entdeckt, so haben sie ihre Verstandesreligion. Ob diese aber auch zum Leben und zum Sinn des Lebens verhilft, das steht auf einem anderen Blatt. Sinnlosigkeit offenbart sich stets als Lüge, als Herrschaftslosigkeit – dies ist auch bei der Anwendung der Psychoanalyse auf menschliches Leben so. Der «Tod Gottes» beschleunigt den Tod des Menschen. Wie dies geschieht, zeigen die folgenden Unterkapitel. Der Freudsche Atheismus zieht seine Kreise, erreicht fast alle Disziplinen der Geisteswissenschaften und setzt sich über sie in den Lebenshaltungen der Menschen fest. Wer dies erkannt oder vielleicht sogar am eigenen Leibe erfahren hat, wendet sich um, besinnt sich auf die einzige Wahrheit und kehrt wie der verlorene Sohn zum Vater zurück; denn die Freudsche Theorie ist noch weniger überlebenstauglich für ein angeschlagenes, hilfloses und hilfesuchendes Leben als das Schweinefutter, von dem der verlorene Sohn gerne gegessen hätte.

3. Psychoanalyse als «universales» Denksystem

Die Freudsche Psychoanalyse kann für sich eine ähnliche Wirklichkeitsgeschichte beanspruchen wie die Darwinsche Evolutionstheorie. Auch die Freudsche Psychoanalyse hat fast alle Wissenschaften erobert, die zu ihrem Gegenstand irgendeine Beziehung herstellen können.

Pädagogik, Völkerkunde, Soziologie, Philosophie, Literaturwissenschaft, Rechtswissenschaft, Kunst und Theologie haben die Psychoanalyse für sich fruchtbar zu machen versucht. Nach allem, was wir bisher zu Freuds Religionskritik erwähnten, verwundert es sicher am meisten, dass die Psychoanalyse in der Theologie Fuss fassen konnte. Müssen Theologen nicht das Reden Gottes unterdrücken, wenn sie Freud zuhören wollen? Doch hierzu später. Schauen wir uns exemplarisch für die anderen Disziplinen einmal an, wie Freuds Theorie von Philosophie und Pädagogik aufgenommen wurde. Beginnen wir mit der Philosophie.

Der Phänomenologe Husserl und der Philosoph Scheler befassten sich intensiv mit der Psychoanalyse. Bei ihnen ist Freuds Einfluss deutlich zu spüren. Wenn sie ihm auch nicht in all seinen Äusserungen zustimmten, so doch in seinen grundsätzlichen Erklärungen der menschlichen Seele. Auch der Arzt und Philosoph Karl Jaspers setzte sich mit Freud auseinander. Als Nervenarzt schrieb Jaspers ein beachtenswertes Lehrbuch der Psychopathologie (1946[4]). Er war einer der wenigen, die Freud durchschaut haben. Für Jaspers war die Psychoanalyse eine Verkehrung von Einstellungen, eine «Verwechslung verständlicher Zusammenhänge mit kausalen Zusammenhängen». Für ihn war die Psychoanalyse in naturwissenschaftlichen Begriffen gefangen, ohne jedoch naturwissenschaftlich sauber zu denken. Im Unterschied zu einem gütigen, bejahenden Verstehen der Menschenseele sah Jaspers in der Psychoanalyse ein boshaftes, entlarvendes Verstehen. Dasselbe zeigten wir bezüglich der psychoanalytischen Aussagen über Zusammenhänge des christlichen Glaubens. Ihre Lehranalyse war für Jaspers eine Einführung in einen falschen Glauben, ein Experiment am Menschen, eine Bedrohung der freien Wissenschaft. So fordert er eine Rückbesinnung auf die eigentlich ärztliche Tätigkeit, für die die Psychoanalyse von Schaden sei. Zu einer besonderen Wirkung gelangt Freud in der marxistischen Philosophie, vor allem in der «Frankfurter Schule».

In der Pädagogik nimmt Freuds Denken seinen Einfluss auf die Aussagen über das Eltern-Kind-Verhältnis. Freuds Vorstellungen von der Entwicklung des Kindes und seine Äusserungen zum Eltern-Kind-Verhältnis breiten sich als ein Ferment aus, das die Familie zerstört. Durch seine falschen Annahmen werden die Beziehungsverhältnisse zwischen Eltern und Kindern zerstört. Projektionen der Freudschen Theorie im Familienalltag und in der Schule blockieren die freimütige Entscheidung der Erziehenden und lähmen damit den Erziehungsprozess. Wenn Eltern despotisch statt liebevoll mit ihren Kindern umgehen, so hat dies sicher schlimme Folgen für die Seele der Kinder. Doch ist es nicht ebenso schlimm, wenn das Vertrauen in der Familie unterlaufen wird? Freuds Theorie bewirkt dies. Den durch Freud verunsicherten Eltern folgen in späteren Jahren ungezogene Kinder, die in ihren Eltern immer die Schuldigen ihrer eigenen Fehler und Unzulänglichkeiten sehen. Wenn die Bibel von Sünde spricht und die Kinder auffordert, ihre Eltern zu achten, ihnen gehorsam zu sein, so sagt Freud, dass die Eltern ihre Kinder für die Erfüllung ihrer eigenen Wünsche missbrauchen und die Kinder ein Produkt ihrer Triebe und Triebregungen seien. Freud knechtet und unterdrückt damit Leben, statt es zur freien Entfaltung in Gehorsam und Achtung vor dem anderen Menschen kommen zu lassen. Ein Beispiel für die Wirkungen Freuds auf pädagogisches Denken sind die Erziehungsprogramme in den Kinderläden und die zügellose Sexualaufklärung der Kinder durch psychoanalytisch-marxistisch «gebildete» Lehrer und Eltern. Wie anders kann man es verstehen, wenn eine Lehrerin ihrer Klasse im Sexualkundeunterricht eine Platte vorspielt, auf der zu hören ist: «Mama knipst das Licht aus, Papa holt den Dicken raus ...»

Auf solchem Hintergrund stehen wohl auch folgende Empfehlungen zur Sexualpädagogik:

1. Onanieren durch die Kleinkinderzeit hindurch.
2. Die Veränderung des Inzesttabus zwischen Eltern und Kindern, indem sie nicht mehr ungerechtfertigterweise ausgeschlossen werden, sondern Eltern und Kinder gegenseitig die Erfahrung machen können, dass Versuche, untereinander zu koitieren, an der Enttäuschung der Unangemessenheit scheitern.
3. Das Zulassen und Unterstützen von sexuellen Spielereien im Schulalter, um die Koitusfähigkeit zu erleichtern, und die Unterrichtung der Jugendlichen in perversen Sexualpraktiken, um ihr Geschlechtsleben zu differenzieren.
4. Geschlechtsverkehr von der Geschlechtsreife ab, sowohl im privaten wie im schulischen Bereich, wobei praktischer Sexualkundeunterricht erteilt werden soll.

Erschütternd macht sich eine Orientierungslosigkeit im sexuellen Bereich bemerkbar. Christa Meves konnte aus ihrer Praxis überzeugend belegen, dass diese Verirrungen nicht den Bedürfnissen der Kinder entspringen, geschweige denn ihnen entsprechen, sondern ihnen von den Erwachsenen aufgezwungen werden – in der Schule, im Kindergarten, in Kinderheimen, in Elternhäusern, die eine derartige Sexualpädagogik betreiben. Wenn wir solches Missverhalten anprangern, müssen wir auch gleichzeitig auf die Quelle solcher Verirrungen hinweisen und diese «unschädlich» machen. Freuds Lüge zeigt ihre Wirkung. Die Pädagogik und alle, die von ihr profitieren, Eltern wie Lehrer, sind aufgefordert, die Wirkungen von Freuds Theorie deutlich wahrzunehmen und zur Quelle wahren Lebens – zu Gott – zurückzukommen; denn wahres Leben müssen sie kennen, um den ihnen Anbefohlenen echte Lebenshilfen geben zu können.

Am Beispiel der Schicksals- und Gewissensfrage wollen wir die hier angedeuteten Gedanken vertiefen und die Lebensnotwendigkeit der Umkehr, der Loslösung von der psychoanalytischen Lüge und ihren Folgen verdeutlichen.

Erneut wird zweierlei deutlich: Gott hat sie dahingegeben, deshalb ernten sie Verwirrung durch Lüge. Und: Nur Jesus kann zurechtbringen und den Weg zu Wahrheit und sinnvollem Leben zeigen.

4. Trennung der Seele von Gott: Schicksals- und Gewissensfrage

Was dem Menschen plötzlich und unerwartet zustösst, ihn trifft und aus der Bahn der gewohnten Abläufe seines Lebens wirft, nennen wir oft Schicksal. Das Wort Schicksal birgt bereits eine Andeutung hiervon in sich. Etwas wurde einem geschickt, wurde zugelassen, über einen verhängt: der Autounfall ebenso wie der Gewinn im Lotto.

Die Begriffsentwicklung des Wortes Schicksal führt uns in vergangene Zeiten, Kulturen und in die grossen Religionen der Welt.

Das Sansara der Inder, worunter sie den unaufhörlichen Kreislauf des Lebens, von der Geburt bis zum Tod, sehen, ist hier ebenso eingeschlossen wie die Astrologie und Horoskopie der Chaldäer. Heute sieht man schon in den Erbanlagen das Schicksal des Menschen vorgegeben. Je nachdem, wie jemand sich ethisch verpflichtet weiss, sieht seine Schicksalserklärung aus.

Lediglich die Menschen, die Christus nachfolgen, wissen, dass alles, was ihnen an Freude und Glück, Leid und Trauer begegnet und zustösst, an Gott vorbeigegangen ist und nicht auf die Willkür eines wie auch immer zu bestimmenden Schicksals zurückgeführt werden kann.

Für Freud tritt die Auseinandersetzung mit der Schicksalsfrage seit seiner Traumdeutung im Jahre 1900 auf. Später sieht er in dem Ödipuskomplex, der Kastrationsangst und den durch sie hervorgerufenen Erlebnissen das Schicksal des Menschen beschlossen. Zwei Jahre vor seinem Tod (1937) fügt Freud die Vererbung als schicksalbedeutend hinzu. Nach seiner psychoanalytischen Theorie ergeben sich folgende Faktoren, die seiner Meinung nach menschliches Schicksal ausmachen:

1. Frühe Erlebnisse im Kleinkindesalter.
2. Imagobildung (von Vater und Mutter) und ihre Rolle in der Liebeswahl.
3. Frühkindliche Situationen, die als Wiederholungszwänge das spätere Schicksal bedingen.
4. Fixierung oder Rückfall (Regression) auf irgendeine der psychosexuellen Entwicklungsstufen.

Damit ist das menschliche Schicksal rein innerweltlich im Menschen selbst, in seinen Veranlagungen und seiner Umwelt bedingt. Keine Götter oder Gott sind mit dem Schicksal des Menschen mehr zu identifizieren. Dies aber wird seine Folgen für die Reaktion des Menschen auf ihm widerfahrendes Leid oder Glück haben. Der Mensch ist – nach der Schicksalserklärung Freuds – getrennt von Gott, alleine auf sich angewiesen. Die Lebensgeschichte des Menschen soll nun kausalanalytisch ausgelotet und berechnet werden. Die Ergebnisse der Berechnungen schlagen sich im Verhalten der Menschen nieder. Im Falle erlebten Leides werden ausschliesslich andere die Schuld zu tragen haben. Die Verantwortung des Menschen Gott gegenüber für sein Leben und das Leben derjenigen, die ihm anvertraut sind, ist nun nicht mehr bedeutend. Der Massstab für rechtes Handeln liegt jetzt beim Menschen selbst.

Seinen Niederschlag findet dieses Denken auch in der Gewissensbildung des Menschen. Nicht mehr Gottes Ordnungen und
Massstäbe werden für die sehr wichtige Gewissensbildung beach-
tet, sondern ausschliesslich menschliche, freudsche. Gut und Böse
werden nun subjektiv bestimmt und, wenn es sein muss, gegen den
anderen Menschen angewandt. Was jedoch für Herrn Müller gut ist,
muss noch lange nicht für Herrn Maier gut sein. Relativismus und
Libertinismus breiten sich aus und rütteln an den Grundfesten der
Ordnungen Gottes. Das Gebot «Ehre Vater und Mutter ...» darf nun
ruhig mit Füssen getreten werden. Dankbarkeit für eine empfan-
gene Gabe, ob materieller oder ideeller Art, schwindet ebenso wie
die Achtung vor dem Leben des Menschen. Auf breiter Basis dehnt
sich Herrschaftslosigkeit (Anarchie) aus. Der Terror der Gesetzlo-
sen zieht seine Kreise, der Triebmensch erobert die Welt.

In der Adventszeit 1983 ging ich eines Abends mit meiner Frau
auf einen Besuch zu Freunden. Auf unserem Weg dorthin kamen
wir an einem Haus vorbei, das gerade im vergangenen Sommer re-
noviert worden war. Für uns war es nach seiner «Erneuerung» geradezu eine Freude, die hellen Farben und die geschmackvolle Erscheinung des Hauses zu betrachten. Alles war harmonisch
aufeinander abgestimmt, die neuen Fenster, der neue Aussenan-
strich, die neue Gartenanlage etc. An diesem Abend aber blieben
wir betroffen vor diesem Haus stehen. An seiner Aussenwand, die
zur Strasse zeigte, an der Garagen- und Haustür waren schwarze
Farbkleckse zu sehen. Jemand musste in der Manier der «neuen
Wilden» mit der Farbe diese Hauspartien geradezu mutwillig be-
schmiert haben. Der Täter hatte wohl auf diese Weise seinem Unmut über den Hauseigentümer Luft gemacht. Seine Achtung vor
diesem war dabei auf den Nullpunkt gesunken, ebenso sein Respekt
vor dem Besitz des anderen. Gewissenlos setzte er sich auf diese
Weise mit seinem Nächsten auseinander. Auf dieser Linie liegt auch
die Beschmierung öffentlicher Gebäude. Für das Gewissen der so
Handelnden zählt nur ihre eigene Überzeugung. Die öffentlich
sichtbaren Gewalttaten und ausgelebten Aggressionen zeigen auf
ihre Weise die aufgehende Saat eines durch Freud vor etlichen Jahr-

zehnten gesäten Samens auf den Boden menschlicher Seele. Unterstützend hilft hier die durch Karl Marx entworfene Ideologie zur Rechtfertigung solcher Taten.

Jesus Christus ist auch hier der einzige Ausweg aus der Verirrung und Ziellosigkeit menschlichen Gewissens. Wer Jesus in sein Leben aufnimmt, ihm nachfolgt und seiner Umwelt so ein Licht ist, zeigt den Weg aus dem Dunkel. Die Christen sind aufgefordert, ein rechtes Zeugnis in ihrer Umgebung zu sein.

Für die Familien ist der Ausweg in den göttlichen Prinzipien gewiesen. Lernen die Kinder in ihrem Zuhause frühzeitig den Gehorsam den Ordnungen Gottes gegenüber, weil die Eltern diese überzeugend vorleben, so schärft sich hieran das Gewissen der Kinder. Werden sie selbst eines Tages treue Nachfolger Jesu, so ist ihnen durch den Heiligen Geist die tief gehende Gewissensbildung gegeben. Er möchte sie führen und in das rechte Bild eines Gottesmenschen «formen».

5. Vom Seelsorger zum «Seelenzerleger»

Noch mit am stärksten wurde das Werk Freuds von den Theologen aufgenommen. Besonders im Bereich der seelsorgerlichen Aufgaben der Theologen nistete es sich ein. Heute kann kaum ein Theologe in seiner zweiten Ausbildungsphase einer Supervisionssitzung entfliehen. Gruppendynamik und Psychotherapie gehören offiziell zur modernen Seelsorge.

Wie kam es dazu? Noch zu Lebzeiten Freuds führte der Schweizer Theologe Oskar Pfister die Psychoanalyse mit der Seelsorge zusammen. In einer Publikation von 1934 («Neutestamentliche Seelsorge und psychoanalytische Therapie») stellte Pfister acht Thesen auf, die den Zusammenschluss von Seelsorge und Psychotherapie ausweisen. Seine erste These lautet: «Die neutestamentliche Seelsorge und die psychoanalytische Therapie entspringen beide vornehmlich dem Bestreben, die aus den Schuldgefühlen entsprungene Angst sowie andere peinliche Wirkungen der Schuld zu beseitigen.» Schon mit seiner ersten These stellt Pfister eine recht eigenwillige Interpretation des Neuen Testamentes vor. Gerade dieses Testament zeigt doch auf deutliche Weise, dass Jesus in die Welt kam, um Sünder selig zu machen. Er kam, um zu retten, was verloren ist. Schuld entspringt ja nicht ausschliesslich durch verdrängte und falsch verstandene Gebote und Vorschriften, sondern grundsätzlich im tatsächlichen Schuldigwerden des Menschen vor dem lebendigen Gott.

Wer sich dem Spiegel des Wortes Gottes aussetzt, erkennt sich als Sünder und erfährt die Tragweite seiner Trennung von Gott. Das aber leugnet die Psychoanalyse. Sie bringt den Menschen dazu, seine Schuld auf andere abzuwälzen und den Menschen dadurch mit seinem Mitmenschen, seinem Nächsten, zu entzweien. Gleichzeitig bewirkt dieses Ablenkungsmanöver die Unfähigkeit des Menschen, sein Schuldigsein vor Gott zu erkennen. Gerade dies aber will Seelsorge unter anderem doch zeigen: Deine Probleme, deine Schuld hängen mit deiner Beziehung zu Gott zusammen.

In einem Folksong von Anna Russel wird deutlich zum Ausdruck gebracht, was die Psychoanalyse in Bezug auf Schulderkenntnis und -bewältigung bewirkt:

«Ich ging zu meinem Psychiater zur Analyse,
um herauszufinden, warum ich die Katze umgebracht
und meinem Mann ein blaues Auge geschlagen habe.
Er legte mich auf eine Couch,
um zu sehen, was er herausbringen könnte.
Und folgendes hat er aus meinem Unterbewusstsein
ausgebaggert:
Als ich ein Jahr alt war,
versteckte meine Mutti mein Püppchen im Koffer,
daraus folgt logischerweise,
dass ich jetzt dauernd betrunken bin.
Als ich zwei Jahre alt war,
sah ich, wie Vati das Dienstmädchen küsste,
deshalb leide ich heute an Kleptomanie.
Mit drei Jahren war ich zwiespältig
meinen Brüdern gegenüber.

Daraus folgt logischerweise,
dass ich alle meine Liebhaber vergifte.
Aber ich bin glücklich.
Ich kenne die Lektionen, die es daraus zu lernen gibt:
An allem, was ich tue, ist stets ein andrer schuld.»[30]

Der Mensch kann auf diese Weise nicht durch den Heiligen Geist von seiner Schuld überführt werden. Immer schiebt er sie auf andere. Statt sich seine Schuld von Jesus abnehmen zu lassen, lädt er sie auf andere Menschen. Schnell werden Sündenböcke ausgemacht, die dann an allem schuld sind. Die Eltern, der Ehepartner, die ungünstigen Bedingungen zur Triebbefriedigung, die Umwelt und was sonst noch alles hierzu tauglich erscheinen mag, wird mit der eigenen Schuld belegt.

Damit aber wird Befreiung von Sünde und Schuld unterlaufen, und am eigentlichen Schuldigsein ändert sich nichts.

Wären hier nicht die Theologen aufgefordert, gründlicher die Basis ihrer Berufung zu durchdenken? Sollte nicht allein schon der atheistische Hintergrund der Psychoanalyse für sie Grund genug sein, bei ihr keine Anleihe für Seelsorge zu nehmen? Sagt nicht selbst die Bibel, dass in keinem anderen das Heil ist, ausser in Jesus Christus? Was ist denn für die Seelsorge schon gewonnen, wenn sie das Gespräch mit dem Seelenbeladenen unter Freudscher Begrifflichkeit führt? Sollte nicht vielmehr echte Begegnung des Seelsorgers an die Stelle des Seelenzerlegens der Psychoanalyse treten?

Jay E. Adams zeigt als bibelgläubiger Theologe einen gangbaren Weg und gibt auf unsere Fragen treffende Antworten. In seinem Buch «Befreiende Seelsorge» (Giessen 1972) entlarvt er die Freudsche Ethik und führt den Seelsorger auf Gott zurück. Seelsorge ist für ihn eine Wirkung des Heiligen Geistes. Sündenbekenntnis vor Gott und dem Seelsorger führt heraus aus dem Sog der Sünde und den Beklemmungen der Seele. Wir können dem als Seelsorger tätigen Leser nur empfehlen, bei Adams in die Schule zu gehen, um zu einer biblischen Seelsorge zurückzufinden. Dann wird die Seele durch Seelsorger nicht mehr zerlegt, sondern wirklich geheilt.

Kommen wir doch wieder zurück zu Jesus Christus, der von sich sagt, dass er der Weg, die Wahrheit und das Leben ist, um seelsorgerlich helfen zu können. Ohne Jesus wird kein Seelsorger wirklich heilen können, da menschliches Heilen nur menschliches Heilen ist und im Letzten nicht zum Erfolg führt. Dies sahen wir nachhaltig in Leben, Werk und Wirkung Sigmund Freuds.

Nach meinen Studien zu Leben, Werk und Wirkung Freuds erscheint uns das Seelenleid des Menschen durch ihn nicht gelindert, geschweige denn geheilt worden zu sein – im Gegenteil: Wer sich auf Freuds Theorie der menschlichen Seele verlässt, ist verlassen.

Wir wollen aber nicht schliessen, ohne eine Alternative anzubieten. Einmal erwähnten wir die Blick- und Haltungsänderung des Menschen, von sich, von Freud, zu Gott hin. Zum anderen wollen wir anstelle der Psychoanalyse die Begegnung setzen.

Martin Buber (1878–1965), der Philosoph der Dialogphilosophie, konnte sich trotz etlicher Begegnungen mit Psychoanalytikern und einer Begegnung mit Freud selbst nie für die Psychoanalyse begeistern. Das Welt- und Menschenbild Freuds, die Auswirkungen seiner Theorie auf das Schuldverständnis und seine Bemerkungen zur Religiosität des Menschen waren für Buber unannehmbar.[31]

Aus der Sicht Bubers entstehen psychische Krankheiten durch ein gestörtes Beziehungsverhältnis des Menschen (Ich) zu seinem Nächsten (Du). Verantwortung, Handeln, Entscheidung, Glauben, Schicksal und Freiheit sind im zwischenmenschlichen Verhältnis und beim Individuum in Unordnung geraten, wenn ein Mensch an seiner Seele «krank» wird.[32] Damit ist durch Buber das Wesentliche angedeutet, was neu erarbeitet werden muss, um der Psychoanalyse etwas entgegenzuhalten, was nicht an der Lebenspraxis und den Aussagen der Bibel scheitern muss.

Gott schuf den Menschen zur Gemeinschaft mit ihm. Er übertrug ihm Verantwortung über die Schöpfung und für sein Tun und Lassen. Dies gilt heute noch für den Menschen – in Familie, Nachbarschaft, Schule, am Arbeitsplatz. Falsche, ungöttliche Handlungen und Entscheidungen ziehen Leid und Zerstörung für die hiervon Betroffenen nach sich.

Letztlich führen alle von Buber genannten Gründe für seelische Krankheiten und Nöte den Menschen zu seinem eigentlichen Gegenüber, zu Gott. Ist des Menschen Beziehung und Begegnung mit Gott gestört oder sogar noch nie geschehen, so wird der Mensch an seiner Seele nicht gesund sein können, da seine Seele zutiefst an Gott gebunden ist, der sie schuf, und sie beleben und gesunderhalten will.

Wenn wir wieder neu unserem Gegenüber – aus unserer Begegnung mit Gott heraus – begegnen, finden wir zu einer Lösung der seelischen Probleme.

Wir lassen Freud damit hinter uns, überwinden ihn und seine Theorie und finden so über Gott zu einem besseren Weg menschlichen Miteinanders, als wir ihn mit Freud fanden.

Im Vertrauen auf Gottes Wort, im Blick auf die Realität menschlichen Lebens und menschlicher Lebenspraxis müssen die biblischen Wahrheiten wieder neu in den Zusammenhang der Erfahrungswissenschaften gestellt werden. Ein erster Ansatz hierzu ist unter Berücksichtigung der Gedanken von Martin Buber möglich.

Ein anderer aber ist der, neu zu Jesus zu gehen, wenn wir und unsere Nächsten seelisch angegriffen und abgespannt sind.

Machen wir doch die Probe aufs Exempel: Gehen wir zu dem, der sagt und uns zuruft: «Kommt her zu mir alle, die ihr mühselig und beladen seid; ich will euch erquicken. Nehmet auf euch mein Joch und lernet von mir; denn ich bin sanftmütig und von Herzen demütig; so werdet ihr Ruhe finden für eure Seelen» (Matth. 11,28 und 29).

Anhang

Anmerkungen

Kapitel 1: Der Mensch Sigmund Freud

1 Freud, S., Studien über Hysterie, Neuausgabe mit den Beiträgen Breuers, Fischer Taschenbuch, Frankfurt am Main 1970, S. 30 f.
2 Schöpf, A., Sigmund Freud, München 1982, S. 40
3 Ebd., S. 53
4 Vgl. zur Trennung Freuds von W. Fliess: Clark, R. W., Sigmund Freud (dtsch.), Frankfurt am Main 1981, S. 26–27
5 Vgl. ebd., S. 359–383
6 Schöpf, A., 1982, S. 61
7 Clark, R. W., 1981, S. 500
8 «In Anlehnung an philosophische Gedankengänge bei Empedokles und Plato sieht er in diesen Trieben kosmogonische Kräfte am Werk, die reinigende Macht des Eros und die entzweiende des Thanatos.»
9 Schöpf, A., 1982, S. 65
10 Schnur, M., Sigmund Freuds Leben und Sterben, Fft.a/Main 1973, S. 32
11 Ebd.

Kapitel 2: Freuds Werk

12 Freud, S., Gesammelte Werke, Bd. I, S. 5–8
13 Freud, S., Gesammelte Werke, Bd. I, S. 137, 143, 145
14 Freud schrieb: «… hysterisches Elend in gemeines Unglück zu verwandeln» ist das Ziel der Psychotherapie
15 «Ich war immer den Ideen Fechners zugänglich und habe mich auch in wichtigen Punkten an diesen Denker angelehnt» (Gesammelte Werke, Bd. XIV, S. 86)

131

16 Schmitz, K., Was ist – was kann – was nützt Hypnose?, München 1951

17 Zit. n. Fromm, E., Märchen, Mythen, Träume, Stuttg. 1980, S. 54–58

18 Er schrieb: «Wäre der Mensch des Fortpflanzungstriebes beraubt, so würde so ziemlich alle Poesie und vielleicht auch die ganze moralische Gesinnung aus seinem Leben herausgerissen sein.»

19 Vgl. zur weiteren Erläuterung der psychosexuellen Entwicklung: Berger, K., Aggression – Das Böse, Berneck 1983, S. 132–133

20 Berger, K., Ohne Liebe kein Leben, Marburg 1984

21 Jones, E., Das Leben und Werk von Sigmund Freud (dtsch.), 3 Bde., Bern/Stuttgart 1978[2], S. 355

22 Vgl. Freud, S., Aus den Anfängen der Psychoanalyse, S. 189 und 192

23 Küng, H., Existiert Gott?, München 1978, S. 317

24 Ebd. S. 318

25 Hinzufügung vom Autor

Kapitel 3: Freuds Wirkungen

26 Jones, E., Zur Psychoanalyse der christlichen Religion, Frankfurt am Main 1970, S. 129–143

27 Ebd., S. 129

28 Ebd.

29 Ebd., S. 138

30 Zitiert nach: Adams, J. E., Befreiende Seelsorge, Giessen 1972[2], S. 7

31 Vgl. Tyrangiel, H., Martin Buber und die Psychotherapie, Diss., Zürich 1981, S. 35–59

32 Vgl. ebd., S. 61f

Zeittafel (nach M. Krüll)

1856	6. Mai: Freud in Freiberg geboren
1857	Oktober: Bruder Julius Freud in Freiberg geboren
1858	April: Bruder Julius Freud in Freiberg gestorben
	Dezember: Schwester Anna Freud in Freiberg geboren
1859	August bis März 1860: Abreise aus Freiberg, Aufenthalt in Leipzig, Übersiedlung nach Wien
1860	März: Schwester Regine Debora Freud in Wien geboren
1861	März: Schwester Maria Freud in Wien geboren
1862	Mai: Schwester Pauline Regine Freud in Wien geboren
1865	Herbst: Eintritt Sigmund Freuds in das Leopoldstädter Real- und Obergymnasium
1866	April: Bruder Alexander Gotthold Efraim Freud in Wien geboren
1870/71	Winter: Erster Besuch Sigmund Freuds in Freiberg
1872	Anfang August: Zweiter Besuch in Freiberg
1873	Herbst: Immatrikulation an der Wiener Universität in der Medizinischen Fakultät
1876	Forschungsstipendium an der Zoologischen Versuchsstation in Triest
1877	Eintritt in das Physiologische Institut Ernst Brückes
1880	Josef Breuer beginnt Behandlung der Anna O.
1881	Sigmund Freuds Promotion
1882	April: Sigmund Freud verliebt sich in Martha Bernays
	Juni: Verlobung mit Martha Bernays
	Oktober: Arzt am allgemeinen Krankenhaus in Wien
1884	Forschungen über Kokain
1885	September: Privatdozent
	Oktober: Studienreise nach Paris. Aufenthalt an der psychiatrischen Klinik der Salpêtrière bei J.-M. Charcot
1886	April: Eröffnung einer eigenen Praxis in Wien
	September: Heirat Sigmund Freuds mit Martha Bernays
1887	Oktober: Mathilde Freud (erstes Kind von Sigmund und Martha) geboren
1889	November: Beginn der Korrespondenz mit Wilhelm Fliess

Anhang

1889	Dezember: Jean Martin Freud (zweites Kind von Sigmund und Martha) in Wien geboren
1889 oder 1890	Erstmalige Anwendung der kathartischen Methode
	Februar: Oliver Freud (drittes Kind von Sigmund und Martha) in Wien geboren
	Spätsommer: Einzug in die Wohnung Berggasse 19
1892	April: Ernst Freud (viertes Kind von Sigmund und Martha) in Wien geboren
	Beginn des Zerwürfnisses mit Josef Breuer
1893	April: Sophie Freud (fünftes Kind von Sigmund und Martha) in Wien geboren
1894	März: Herzbeschwerden, depressive Zustände, Sterbephantasien
	Sommer: Meinungsverschiedenheiten mit Breuer, die zu ihrer Trennung führen
1895	Freud tritt der jüdischen Loge Bnai Brith bei
	Mai: «Studien über Hysterie» zusammen mit Josef Breuer
	Dezember: Anna Freud (sechstes Kind von Sigmund und Martha) in Wien geboren
1896	April: Vortrag «Zur Ätiologie der Hysterie» vor dem Wiener Verein für Psychiatrie und Neurologie
	Mai: Isolation Freuds
	Juni: Erkrankung von Jakob Freud
	Oktober: Tod von Jakob Freud
1897	Januar: Freud wird bei der Nominierung zum ausserordentlichen Professor übergangen
1899	Juli: Beginn der Selbstanalyse
	September: Freud gibt die Verführungstheorie der Abwehrneurosen auf
1899	Januar: Theorie der Entstehung der Hysterie aus Phantasien
	Juni: «Traumdeutung» geht in Druck
	Oktober: Freud ist wieder bei der Beförderung zum

134

Professor übergangen worden. Erste Exemplare der «Traumdeutung» fertig

1900   Anfang des Jahres: Veröffentlichung der «Traumdeutung» Ende August/ September: Erste Rom-Reise mit dem Bruder Alexander
Zerwürfnis mit Fliess

1902   März: Ernennung zum ausserordentlichen Professor
Oktober: Gründung der «Psychologischen Mittwoch-Vereinigung»

1904   September: Seereise nach Athen

1905   «Drei Abhandlungen zur Sexualtheorie»

1906   April: Carl Gustav Jung beginnt Briefwechsel mit Freud

1907   März: Jung besucht Freud in Wien

1908   April: Erster Internationaler Psychoanalytischer Kongress in Salzburg

1909   Januar: Gründung des «Jahresbuchs der Psychoanalyse»
September: Amerika-Reise mit Jung und Ferenczi

1910   März: Zweiter Internationaler Psychoanalytischer Kongress in Nürnberg
Gründung der Internationalen Psychoanalytischen Vereinigung – Jung wird Präsident
Gründung des «Zentralblatts für Psychoanalyse», Redaktion Stekel und Adler

1911   Juni: Alfred Adlers Austritt aus der Wiener Psychoanalytischen Vereinigung
September: Dritter Internationaler Psychoanalytischer Kongress in Weimar

1912   Frühjahr: Zerwürfnis mit Stekel; Freud gründet die Zeitschrift «Imago»; Beginn ernster Auseinandersetzungen mit Jung
Sommer: Ernest Jones gründet das «Komitee»

1913   Januar: Abbruch der privaten Beziehung zu Jung
September: Vierter Internationaler Psychoanalytischer

Kongress in München; Jung wird zum Präsidenten wie-
dergewählt

1914   April: Jung tritt als Präsident der Internationalen Psychoanalytischen Vereinigung zurück

Juli: Jung tritt aus der Psychoanalytischen Vereinigung
aus

Beginn des Ersten Weltkrieges

1915/16   März–Juli: Abhandlungen zur «Metapsychologie»

Wintersemester: Letzte Vorlesungsreihe, veröffentlicht
als «Vorlesungen zur Einführung in die Psychoanalyse»

1918   September: Fünfter Internationaler Psychoanalytischer
Kongress in Budapest

Anton von Freud stiftet der Psychoanalyse eine Million
Kronen

1919   Januar: Gründung des Internationalen Psychoanalytischen Verlages

1920   Tod von Freuds Tochter Sophie

September: Sechster Internationaler Psychoanalytischer
Kongress in Den Haag

Veröffentlichung von «Jenseits des Lustprinzips»

1922   September: Berliner Kongress

1923   April: Erste Krebsoperation am Gaumen; Veröffentlichung von «Das Ich und das Es»

August: Letzte Komiteesitzung

Sommer: Letzte Reise nach Rom mit der Tochter Anna

Oktober: Radikale Operation am Oberkiefer und Gaumen

1924   Bruch zwischen Freud und Otto Rank

1929   Max Schnur wird Freuds Leibarzt

Sommer: Veröffentlichung von «Das Unbehagen in der
Kultur»

Herbst: Ferenczi zieht sich von Freud zurück

1930   August: Verleihung des Goethepreises der Stadt Frankfurt an Freud

September: Tod von Freuds Mutter, Amalie Freud, in
Wien

1933	Januar: Hitlers Machtübernahme in Deutschland
	Mai: Tod Sándor Ferenczis; Verbrennung von Freuds Büchern in Berlin
1937	Frühjahr: Veröffentlichung von «Moses, ein Ägypter»
1938	März: Einmarsch der Nazis in Österreich
	Juni: Ausreise über Paris nach London
	September: Letzte Operation; Einzug in das Haus Maresfield Gardens
1939	August: Verschlimmerung von Freuds Krankheit
	23. September: Tod Sigmund Freuds nach einer Morphium-Injektion

Literaturverzeichnis

Freuds Schriften in chronologischer Reihenfolge

Notiz über eine Methode zur anatomischen Präparation des Nervensystems. Centralbl. f. d. med. Wissensch. 26 (1876)

Beobachtungen über Gestaltung und feineren Bau der als Hoden beschriebenen Lappenorgane des Aales. Sitz.-Ber. d. k. Akad. d. Wiss. Wien 75 (1877), S. 419–431

Über den Ursprung der hinteren Nervenwurzeln im Rückenmarke von Ammocoetess (Petromyzon Planeri). Sitzb. d. k. Akad. d. Wissensch. III. Abt. LXXV, 1877

Über Spinalganglien und Rückenmark des Peromycon. Sitzb. d. k. Akad. d. Wissensch. III. Abt. LXXVIII, 1878

Mill, John Stuart: Über Frauenemanzipation; Plato; Die Arbeitertage; Der Sozialismus. Übers. Sigmund Freud. In: John Stuart Mill, Gesammelte Werke Bd. 12. Leipzig 1880

Über den Bau der Nervenfasern und Nervenzellen beim Flusskrebs.
Sitzb. d. k. Akad. d. Wissensch. III. Abt. LXXXV, 1882

Die Struktur der Elemente des Nervensystems. Sitzb. d. k. Akad. d. Wissensch. III. Abt. LXXXV, 1882

Eine neue Methode zum Studium des Fasernverlaufs im Zentralnervensystem. Arch. Anat. Physiol. 1884

Ein Fall von Hirnblutung mit indirekten basalen Herdsymptomen bei Scorbut. Wiener med. Wochenschr. 9, 10 (1884)

Über Coca. Heitlers Centralbl. f. Therapie 1884

Beitr. z. Kenntnis der Cocawirkung. Wiener med. Wochenschr. 5 (1885)

Zur Kenntnis der Olivenzwischenschicht. Neurol. Centralbl. 12 (1885)

Ein Fall von Muskelatrophie mit ausgebreiteten Sensibilitätsstörungen (Syringomyelie). Wiener med. Wochenschr. 13, 14 (1885)

Freud, S. und L. Darkewitsch: Über die Beziehungen des Strickkörpers zum Hinterstrang und Hinterstrangkern, nebst Bemerkungen über die zwei Felder der Oblongata. Neurol. Centralbl. 5 (1886), S. 123

Akute multiple Neuritis der spinalen Hirnnerven. Wiener med. Wochenschr. 6 (1886)

Über den Ursprung des Nervus acusticus. Monatsschr. f. Ohrenheilkunde 8, 9 (1886)

Beobachtungen einer hochgradigen Hemianaestesie bei einem hysterischen Manne. Die Untersuchung des Sehorgans von Dozenten Dr. Königstein. Wiener med. Wochenschr. 49, 50 (1886)

Charcot, Jean-Martin: Neue Vorlesungen über Krankheiten des Nervensystems, insbesondere über Hysterie. Übers. Sigmund Freud. Leipzig Wien 1886

Bemerkungen über Cocainsucht und Cocainfurcht. Wiener med. Wochenschr. 1887, S. 929

Über Hemanopsie im frühen Kindesalter. Wiener med. Wochenschr. 32,33 (1888)

Bernheim, H.: Die Suggestion und ihre Heilwirkung. Übers. Sigmund Freud. Vorrede d. Übersetzers. Leipzig-Wien 1888

Beiträge in Villarets «Handwörterbuch der Gesamten Medizin», 2 Bde.

Stuttgart 1888–1891 (s. u. 'Gehirn' 'Hysterie', 'Kinderlähmung')

Zur Auffassung der Aphasien. Eine krit. Studie. Leipzig-Wien 1891

Klinische Studie über die halbseitige Cerebrallähmung der Kinder

(In Gemeinschaft mit Dr. O. Rie). Beiträge z. Kinderheilkunde 3 (1891)

Bernheim, H.: Neue Studien über Hypnotismus, Suggestion und Psychotherapie. Übers. Sigmund Freud. Leipzig-Wien 1892

Charcot, J. M.: Poliklinische Vorträge. 1. Schuljahr 1887/88. Übers. Sigmund Freud. Leipzig-Wien 1892

Ein Fall von Hypnotischer Heilung nebst Bemerkungen über die Entstehung hysterischer Symptome durch den Gegenwillen. Z. Hypnotismus, Suggestionsther., Suggestionlslehre u. verw. psychol. Forsch. 1 (1892/93). G. W. I

Charcot. Gedenkwort. Wiener med. Wochenschr. 37 (1893)

Quelques considérations pour une étude comparataive des paralysies motrices organiques et hystériques. Arch. de Neurologie 77 (1893). G. W. I

Les diplégies cérébrales infantiles. Revue neurologique 8 (1893) Über familiäre Formen von cerebralen Diplegien. Neurol. Centralbl. 15, 16 (1893)

Zur Erkenntnis der cerebralen Diplegien des Kindesalters (im Anschluss an die Littlesche Krankheit). Beiträge z. Kinderheilkunde (Neue Folge) 3 (1893)

Über ein Symptom, das häufig die Enuresis nocturna der Kinder begleitet. Neurol. Centralbl. 21 (1893)

Über den psychischen Mechanismus hysterischer Phänomene (Vorläufige Mitteilung). Neurol. Centralbl. 1, 2 (1893). G. W. I, St. A. VI

Die Abwehr-Neuropsychosen. Versuch einer psychologischen Theorie der akquirierten Hysterie, vieler Phobien und Zwangsvorstellungen und gewisser halluzinatorischer Psychosen. Neurol. Centralbl. 10, 11 (1894). G. W. I

Über die Bernhardt'sche Sensibilitätsstörung am Oberschenkel. Neurol. Centralbl. 11 (1895)

Breuer, Josef, und Sigmund Freud: Studien über Hysterie. Leipzig-Wien 1895. F. B. 6001 (1970) [Ohne die Beiträge Breuers (Kran kengeschichte Fr. Anna O. und «Theoretisches».):] G. W. I

Über die Berechtigung, von der Neurasthenie einen bestimmten Symptomkomplex als «Angstneurose» abzutrennen. Neurol. Zentralbl. 1 (1895) G. W. I, St. A. VI

Obsessions et Phobies. Leur mécanisme psychique et leur étiologie. Revue Neurologique 3 (1895). G. W. I

Zur Kritik der Angstneurose. Wiener Klin. Rundschau (1895). G. W. I

Weitere Bemerkungen über die Abwehr-Neuropsychosen. Neurol. Zentralbl. 10 (1896)

L'Hérédité et l'Étiologie des Névroses. Revue Neurologique 4 (1896). G. W. I

Zur Ätiologie der Hysterie. Wiener Klin. Rundschau 22–26 (1896). G. W. I, St. A. VI

Die infantile Centrallähmung. Nothnagels Handbuch d. speziellen Patholog. u. Therap. IX. Bd. II. T. II. Abt. 1897

Inhaltsangabe der wissenschaftlichen Arbeiten des Privatdozenten Dr. Sigmund Freud. Als Manuskript gedruckt: Wien 1897. G. W. I

Die Sexualität in der Ätiologie der Neurosen. Wiener Klin. Rundschau 2, 4, 5, 7 (1898). G. W. I, St. A. V

Zum psychischen Mechanismus der Vergesslichkeit. Monatsschr. Psychiatrie Neurol. 4 (1898). G. W. I

Zum psychischen Mechanismus der Vergesslichkeit. Monatsschr. Psychiatrie Neurol. 1899. G. W. I

Über Deckerinnerungen. Monatsschr. Psychiatrie Neurol. 1899. G. W. I

Die Traumdeutung. Leipzig-Wien 1900. G. W. II/III, St. A. II

Über den Traum. Grenzfragen d. Nerven- u. Seelenlebens. Wiesbaden 1901. G. W. II/III, F. B. 6073

Zur Psychopathologie des Alltagslebens. Monatsschr. Psychiatrie Neurol. 10 (1901). 10. Aufl. Leipzig-Wien-Zürich 1924. G. W. IV, F. B. 68

Die Freudsche psychoanalytische Methode. In: Löwenfeld, Psychische Zwangserscheinungen. Wiesbaden 1904. G. W. V, F. B. 6016

Über Psychotherapie. Wiener Med. Presse 1 (1905). G. W. V, F. B. 6016

Drei Abhandlungen zur Sexualtheorie. Leipzig-Wien 1905. 6. Aufl. 1925. G. W. V, St. A. V, F. B. 6044

Bruchstücke einer Hysterie-Analyse. Monatsschr. Psychiatrie Neurol. 28 (1905). G. W. V, St. A. VI

Psychische Behandlung (Seelenbehandlung). In: R. Kossmann und Julius Weiss, Die Gesundheit, ihre Erhaltung, ihre Störung, ihre Wiederherstellung. Wien-Stuttgart 1905. G. W. V, F. B. 6016

Tatbestandsdiagnostik und Psychoanalyse. Arch. Kriminalanthropol. Kriminalistik 26 (1906). G. W. VII

Der Witz und seine Beziehung zum Unbewussten. Wien 1905. G. W. VI, St. A. IV, F. B. 193

Meine Ansichten über die Rolle der Sexualität in der Ätiologie der Neurosen. In: Löwenfeld, Sexualleben und Nervenleiden. 4. Aufl. 1906. G. W. V, St. A. V

Zur sexuellen Aufklärung der Kinder. Offener Brief an Dr. M. Fürst. Sociale Medicin u. Hygiene 2 (1907). G. W. VII, St. A. V

Der Wahn und die Träume in W. Jensens Gradiva. Schriften u. angew. Seelenkunde 1. Wien 1907. G. W. VII, St. A. X

Zwangshandlungen und Religionsübungen. Z. Religionspsychol. 1 (1907). G. W. VII, St. A. VII

Die «kulturelle» Sexualmoral und die moderne Nervosität. In: «Sexualprobleme der Z.» «Mutterschutz», Neue Folge 4 (1908). G. W. VII, St. A. IX

Über infantile Sexualtheorien. In: «Sexualprobleme der Z.» «Mutterschutz», Neue Folge 9 (1908). G. W. VII, St. A. V

Hysterische Phantasien und ihre Beziehung zur Bisexualität. Z. Sexualwiss. 1908. G. W. VII, St. A. VI

Charakter und Analerotik. Psychiatr.-Neurol. Wschr. 9 (1908). G. W. VII, St. A. VII

Der Dichter und das Phantasieren. Neue Revue 1 (1908). G. W. VII, St. A. X

Vorwort zu «Nervöse Angstzustände und ihre Behandlung» von Dr. Wilhelm Stekel. Berlin-Wien 1908. G. W, VII

Der Familienroman der Neurotiker. In: Otto Rank, Der Mythos von der Geburt des Helden. Versuch einer psychologischen Mythendeutung. Leipzig-Wien 1909. G. W. VII, St. A. IV

Allgemeines über den hysterischen Anfall. Z. Psychother. med. Psychol. 1 (1909). G. W. VII, St. A. VI

Analyse der Phobie eines fünfjährigen Knaben. Jb. psychoanal. psychopathol. Forsch. 1. Leipzig-Wien 1909. G. W. VII, St. A. VIII

Bemerkungen über einen Fall von Zwangsneurose. Jb. psychoanal. psychopathol. Forsch. 1. Leipzig-Wien 1909. G. W. VII, St. A. VII

Vorwort zu «Lelékelemzés, értekezések a psichoanalisis köreböl», irta Dr. Ferenczi Sándor. G. W. VII

Über Psychoanalyse (Fünf Vorlesungen). Leipzig-Wien 1910. G. W. VIII, F. B. 6016

Zur Einleitung der Selbstmord-Diskussion. In: Über den Selbstmord, insbes. d. Schülerselbstmord. Wiesbaden 1910. G. W. VIII

Schlusswort der Selbstmord-Diskussion. In: Über den Selbstmord, insbes. d. Schülerselbstmord. Wiesbaden 1910. G. W. VIII

Über einen besonderen Typus der Objektwahl beim Manne. Jb. psychoanal. psychopathol. Forsch. 2. Leipzig-Wien 1910. Obertitel: «Beiträge zur Psychologie des Liebeslebens» I. G. W. VIII, St. A. V

Die psychogene Sehstörung in psychoanalytischer Auffassung. Ärztl. Standesz. (Festnr. f. Prof. L. Königstein). Wien 1910. G. W. VIII, St. A. VI

Über «wilde» Psychoanalyse. Zentralbl. Psychoanal. 1 (1910). G. W. VIII

Eine Kindheitserinnerung des Leonardo da Vinci. Schriften z. angew. Seelenkunde 7 (1910). G. W. VIII, St. A. X

Über den Gegensinn der Urworte. Jb. psychoanal. psychopathol. Forsch. 2. Leipzig-Wien 1910. G. W. VIII, St. A. IV

Brief an Dr. Friedrich Krauss über die «Anthropophyteia». In: Athropophyteia. Jb. folklor. Erheb. Forsch. z. Entwicklungsgesch. d. geschlechtl. Moral 1910. G. W. VIII

142

Die zukünftigen Chancen der psychoanalytischen Therapie. Zentralbl. Psychoanal. 1 (1911). G. W. VIII

Beispiele des Verrats pathogener Phantasien bei Neurotikern. Zentralbl. Psychoanal. 1 (1911). G. W. VIII

Formulierungen über die zwei Prinzipien des psychischen Geschehens. Jb. psychoanal. psychopathol. Forsch. 3. Leipzig-Wien 1911. G. W. VIII, St. A. III

Psychoanalytische Bemerkungen über einen autobiographisch beschriebenen Fall von Paranoia (Dementia paranoides). Jb. psychoanal. psychopathol. Forsch. 3. Leipzig-Wien 1911. G. W. VIII, St. A. VII

Über neurotische Erkrankungstypen. Zentralbl. Psychoanal. 2 (1912). G. W. VIII, St. A. VI

Zur Einleitung der Onanie-Diskussion. – Schlusswort der Onanie-Diskussion. In: Diskussionen d. Wiener Psychoanal. Vereinigung. Wiesbaden 1912. G. W. VIII.

Die Bedeutung der Vokalfolge. Zentralbl. Psychoanal. 2 (1912). G. W. VIII

Die Handhabung der Traumdeutung in der Psychoanalyse. Zentralbl. Psychoanal. 2 (1912). G. W. VIII

«Gross ist die Diana der Epheser». Zentralbl. Psychoanal. 2 (1912). G. W. VIII

Zur Dynamik der Übertragung. Zentralbl. Psychoanal. 2 (1912). G. W. VIII

Ratschläge für den Arzt bei der psychoanalytischen Behandlung. Zentralbl. Psychoanal. 2 (1912). G. W. VIII

Über die allgemeinste Erniedrigung des Liebeslebens. Jb. psychoanal. psychopathol. Forsch. 4 (1912). Obertitel: «Beiträge zur Psychologie des Liebeslebens». II. G. W. VIII, St. A. V

Totem und Tabu. Unter dem Titel: «Einige Übereinstimmungen im Seelenleben der Wilden und der Neurotiker» in: Imago 1 (1912), 2 (1913). In Buchform unter dem Titel: Totem und Tabu. Wien 1913. 5. Aufl Leipzig-Wien-Zürich 1934. G. W. IX, F. B. 6053

Das Interesse an der Psychoanalyse. Scientia 7 (1913). G. W. VIII, F. B. 6016

Zwei Kinderlügen. Z. ärzt. Psychoanal. 1 (1913). F. W. VIII, St. A. V

Einige Bemerkungen über den Begriff des Unbewussten in der Psychoanalyse. Internat. Z. ärztl. Psychoanal. 1 (1913). G. W. VIII, St. A. III

Die Disposition zur Zwangsneurose. Internat. Z. ärztl. Psychoanal. 1 (1913). G. W. VII, St. A. VII

Zur Einleitung der Behandlung. Internat. Z. ärztl. Psychoanal. 1 (1913). G. W. VIII

Märchenstoffe in Träumen. Internat. Z. ärztl. Psychoanal. 1 (1913). G. W. X, F. B. 6073

Ein Traum als Beweismittel. Internat. Z. ärztl. Psychoanal. 1 (1913). G. W. X, F. B. 6073

Das Motiv der Kästchenwahl. Imago 2 (1913). G. W. X, St. A. X

Erfahrungen und Beispiele aus der psychoanalytischen Praxis. Internat. Z. ärztl. Psychoanal. 1 (1913). G. W. X

Geleitwort zu «Die Psychoanalytische Methode» von Dr. Oskar Pfister. In: Pädagogium Bd. 1. Hg. Oskar Messmer. Leipzig 1913. 3. Aufl. 1924. G. W. X

Vorwort zu «Die psychische Störung der männlichen Potenz» von Dr. Maxim Steiner. Leipzig-Wien 1913. G. W. X

Geleitwort zu «Der Unrat in Sitte, Brauch, Glauben und Gewohnheitsrecht der Völker» von John Gregory Bourke. In: Beiwerke z. Studium d. Antropophyteia 6. Leipzig 1913

Dr. Sándor Ferenczi (zum 50. Geburtstag). Internat. Z. Psychoanal. 9 (1913)

Zur Geschichte der psychoanalytischen Bewegung. Jb. psychoanal. psychopathol. Forsch. 6. Leipzig-Wien 1914. G. W. X

Über fausse reconnaissance (déjà) während der psychoanalytischen Arbeit. Z. Psychoanal. 2 (1914). G. W. X

Erinnern, Wiederholen und Durcharbeiten. Z. Psychoanal. 2 (1914). G. W. X

Zur Einführung des Narzissmus. Jb. psychoanal. psychopathol. Forsch. 6. Leipzig-Wien 1914. G. W. X, St. A. III

Der Moses des Michelangelo. Imago 3 (1914). G. W. X, St. A. X

Zur Psychologie des Gymnasiasten. Festschr. d. k. k. Erzherzog-
Rainer Realgymnasium in Wien anlässl. seines 50-jährigen Be-
stehens. 1914. G. W. X, St. A. IV

Triebe und Triebschicksale. Z. Psychoanal. 3 (1915). G. W. X, St.
A. III

Mitteilung eines der psychoanalytischen Theorie widersprechenden
Falles von Paranoia. Z. Psychoanal. 3 (1915). G. W. X, St. A. VII

Die Verdrängung. Z. Psychoanal. 3 (1915). G. W. X, St. A. III

Das Unbewusste. Z. Psychoanal. 3 (1915). G. W. X, St. A. III

Bemerkungen über die Übertragsliebe. Z. Psychoanal. 3 (1915).
Obertitel: «Weitere Ratschläge zur Technik der Psychoanalyse».
G. W. X

Zeitgemässes über Krieg und Tod. Imago 4 (1915). G. W. X, St. A. X

Einige Charaktertypen aus der psychoanalytischen Arbeit. Imago 4
(1915). G. W. X, St. A. X

Vergänglichkeit. In: Das Land Goethes. Hg. Berliner Goetheb. Stgt.
1916

Eine Beziehung zwischen einem Symbol und einem Symptom. Z.
Psychoanal. 4 (1916). G. W. X

Mythologische Parallele zu einer plastischen Zwangsvorstellung.
Z. Psychoanal. 4 (1916). G. W. X, St. A. VII

Über Triebumsetzungen insbesondere der Analerotik. Z. Psychoanal. 4 (1916). G. W. X, St. A. VII

Metapsychologische Ergänzung zur Traumlehre. Z. Psychoanal. 4
(1916). G. W. X, St. A. III

Trauer und Melancholie. Z. Psychoanal. 4 (1916). G. W. X, St. A.
III

Vorlesungen zur Einführung in die Psychoanalyse. Leipzig-Wien.
1. Teil 1916. 2. und 3. Teil 1917. 5. Aufl. Leipzig-Wien-Zürich
1926. G. W. XI, St. A. I

Eine Kindheitserinnerung aus Dichtung und Wahrheit. Imago 5
(1917). G. W. XII, St. A. X

Eine Schwierigkeit der Psychoanalyse. Imago 5 (1917). G. W. XII,
F. B. 6016

Das Tabu der Virginität. In: Sammlung kleiner Schriften zur Neurosenlehre. 4. Folge. Leipzig-Wien 1918. Unter dem Obertitel: «Beiträge zur Psychologie des Liebeslebens». G. W. XII, St. A. V

Aus der Geschichte einer infantilen Neurose. In: Sammlung kleiner Schriften zur Neurosenlehre. 4. Folge. Leipzig-Wien 1918. G. W. XII, St. A. VIII

Wege der Psychoanalytischen Therapie (Vortrag). G. W. XII

«Ein Kind wird geschlagen». Beitrag zur Kenntnis der Entstehung sexueller Perversionen. Internat. Z. ärztl. Psychoanal. 5 (1919). G. W. XII, St. A. VII

Das Unheimliche. Imago 5 (1919). G. W. XII, St. A. IV

Brief vom 27. April an Frau Dr. Hermine von Hug-Helmuth. In: Tagebuch eines halbwüchsigen Mädchens (Quellenschriften z. seel. Entw. Nr. 1). Hg. H. Hug Helmuth. Leipzig-Wien-Zürich 1919

James J. Putnam, Gedenkwort. Internat. Z. ärztl. Psychoanal. 5 (1919). G. W. XII

Victor Tausk. Gedenkwort. Internat. Z. ärztl. Psychoanal. 5 (1919). G. W. XII

Einleitung zu «Zur Psychoanalyse der Kriegsneurosen». Internat. Psychoanal. Bibliothek 1. Leipzig-Wien-Zürich 1919. G. W. XII

Vorrede zu «Probleme der Religionspsychologie» von Dr. Theodor Reik. Internat. Psychoanal. Bibliothek 5. Leipzig-Wien-Zürich 1919. G. W. XII

Internationaler Psychoanalytischer Verlag und Preiszuteilungen für psychoanalytische Arbeiten. Internat. Z. ärztl. Psychoanal. 5 (1919). G. W. XII

Über die Psychogenese eines Falles von weiblicher Homosexualität. Internat. Z. Psychoanal. 6 (1920). G. W. XII, St. A. VII

Gedankenassoziationen eines vierjährigen Kindes. Internat. Z. Psychoanal. 6 (1920). G. W. XII

Zur Vorgeschichte der analytischen Technik. Internat. Z. Psychoanal. 6 (1920). G. W. XII

Jenseits des Lustprinzips. Leipzig-Wien-Zürich 1920. G. W. XIII, St. A. III

Dr. Anton v. Freud. Internat. Z. Psychoanal. 6 (1920)

Preface to «Addresses on Psycho-Analysis» by J. J. Putnam. (Vorwort zu J. J. Putnam: Addresses on P.-A.) Internat. Psychoanal. Library 1 (1921). G. W. XIII

Massenpsychologie und Ich-Analyse. Leipzig-Wien-Zürich 1921. G. W. XIII, St. A. IX, F. B. 6054

Traum und Telepatie. Imago 8 (1922). G. W. XIII, F. B. 6073

Über einige neurotische Mechanismen bei Eifersucht, Paranoia und Homosexualität. Internat. Z. Psychoanal. 8 (1922). G. W. XIII, St. A. VII

Nachschrift zur Analyse des kleinen Hans. Internat. Z. Psychoanal. 8 (1922). Gesammelte Schriften 8. Leipzig-Wien-Zürich 1922. G. W. XIII

Geleitwort zu J. Varendonck «Über das vorbewusst phantasierende Denken». Internat. Psychoanal. Bibliothek 12. Leipzig-Wien-Zürich 1922. G. W. XIII

«Psychoanalyse» und «Libidotheorie». In: Handwörterbuch der Sexualwissenschaften. Hg. Max Maracuse. Bonn 1923

Das Ich und das Es. Leipzig-Wien-Zürich 1923. G. W. XIII, St. A. III

Die infantile Genitalorganisation (eine Einschaltung in die Sexualtheorie). Internat. Z. Psychoanal. 9 (1923). G. W. XIII, St. A. V

Bemerkungen zur Theorie und Praxis der Traumdeutung. Internat. Z. Psychoanal. 9 (1923). G. W. XIII

Eine Teufelsneurose im 17. Jhdt. Imago 9 (1923). G. W. XIII, St. A. VII

Josef Popper-Lynkeus und die Theorie des Traumes. Z. d. Vereines Allgem. Nährpflicht 1923. G. W. XIII

Vorwort zu Max Eitinger «Bericht über die Berliner psychoanalytische Poliklinik». Leipzig-Wien-Zürich 1923. G. W. XIII

Brief vom 7. Mai 1923 über die spanische Ausgabe der «Obras Completas» an den Übersetzer Luis Lopez-Ballesteros y de Torres. In: Obras Completas Bd. 4. Madrid 1923. Ges. Schriften 11. Leipzig-Wien-Zürich 1928. G. W. XIII

Der Realitätsverlust bei Neurose und Psychose. Internat. Z. Psychoanal. 10 (1924). G. W. XIII, St. A. III

Das ökonomische Problem des Masochismus. Internat. Z. Pschoanal. 10 (1924). Gesammelte Schriften 5. Leipzig-Wien-Zürich 1924. G. W. XIII, St. A. III

Neurose und Psychose. 10 (1924). Gesammelte Schriften 6. Leipzig-Wien-Zürich 1924. G. W. XIII, St. A. III

Der Untergang des Ödipus-Komplexes. Internat. Z. Psychoanal. 10 (1924). Gesammelte Schriften 6. Leipzig-Wien- Zürich 1924. G. W. XIII, St. A. V

Zuschrift an die Zeitung «Le disque vert» (26. Februar 1923). In: Le Disque Vert.

Sonderheft «Freud et la Psychanalyse» 1924. G. W. XIII

Notiz über den «Wunderblock». Internat. Z. Psychoanal. 11 (1925). G. W. XIV, St. A. III

Die Verneinung. Imago 11 (1925). G. W. XIV, St. A. III

Einige psychische Folgen des anatomischen Geschlechtsunterschiedes. Internat. Z. Psychoanal. 11 (1925). G. W. XlV, St. A. V

«Selbstdarstellung». In: Die Medizin der Gegenwart in Selbstdarstellungen. Hg. L. R. Grote. Leipzig 1925. 2. Aufl. 1936. G. W. XIV

Die Widerstände gegen die Psychoanalyse. Imago 11 (1925). La Revue

Juive (franz.) März 1925. G. W. XIV

Geleitwort zu August Aichhorns «Verwahrloste Jugend». In: August Aichhorn, «Verwahrloste Jugend. Die Psychoanalyse in der Fürsorgeerziehung. 10 Vorträge zur ersten Einführung». Internat. Psychoanal. Bibliothek 19. Leipzig-Wien-Zürich 1925. G. W. XIV

Josef Breuer. Gedenkwort. Internat. Z. Psychoanal. 11 (1925). G. W. XIV

Brief an den Herausgeber der»Jüdischen Pressezentrale Zürich». Jüdische Pressezentrale Zürich, 26. Februar 1925. G. W. XIV

To the Opening of the Hebrew University. New Judaea, 27. März 1925. G. W. XIV

Einige Nachträge zum Ganzen der Traumdeutung. In: Gesammelte Schriften. 3. Leipzig-Wien-Zürich 1925. G. W. I

Hemmung, Symptome und Angst. Leipzig-Wien-Zürich 1926. G. W. XIV, St. A. VI

An Romain Rolland. In: Liber amicorum Romain Rolland. Zu Rollands 60. Geburtstag. Zürich 1926

Karl Abraham. Gedenkwort. Internat. Z. Psychoanal. 12 (1926). G. W. XIV

Die Frage der Laienanalyse. Unterredungen mit einem Unparteiischen. Leipzig-Wien-Zürich 1926. G. W. XIV, F. B. 6016

Bemerkungen zu E. Pickworth Farrow's «Eine Kindheitserinnerung aus dem 6. Lebensmonat». Internat. Z. Psychoanal. 12 (1926). G. W. XIV

Nachwort z. «Frage der Laienanalyse». Intern. Z. Psychoanal. 13 (1927)

Fetischismus. Internat. Z. Psychoanal. 13 (1927). G. W. XIV, St. A. III

Nachtrag zur Arbeit über den Moses des Michelangelo. Imago 13 (1927). G. W. XIV

Die Zukunft einer Illusion. Leipzig-Wien-Zürich 1927. G. W. XIV, St. A. IX, F. B. 6054

Der Humor. Imago 14 (1928). G. W. XIV, St. A. IV

Ein religiöses Erlebnis. Imago 14 (1928). G. W. XIV

Dostojewski und die Vatertötung. In: Die Urgestalt der Brüder Karamasoff. Hg. Fritz Eckstein und Rene Fülöp-Miller. München 1928. G. W. XIV, St. A. X

Kurzer Abriss der Psychoanalyse. Gesammelte Schriften 11. Leipzig-Wien-Zürich 1928. G. W. XIII

Ernest Jones zum 50. Geburtstag. Internat. Z. Psychoanal. 15 (1929). G. W. XIV

Brief an Maxim Leroy über einen Traum des Cartesius. In: Maxim Leroy, Descartes, Le Philosophe au masque. Paris 1929. G. W. XIV, F. B. 6073

Das Unbehagen in der Kultur. Leipzig-Wien-Zürich 1930. G. W. XIV, St. A. IX, F. B. 6043

Vorwort zu «Zehn Jahre Berliner Psychoanalytisches Institut». Wien 1930. G. W. XIV

Goethe-Preis 1930. Brief an Dr. Alfons Paquet. Ansprache im

Frankfurter Goethe-Haus. Psychoanal. Bewegung 2 (1930). G. W. XIV, St. A. X

Über libidinöse Typen. Internat. Z. Psychoanal. 17 (1931). G. W. XIV, St. A. V

Über die weibliche Sexualität. Internat. Z. Psychoanal. 17 (1931). G. W. XIV, St. A. V

Das Fakultätsgutachten im Prozess Halsmann. Psychoanal. Bewegung 3 (1931). G. W. XIV

Brief an den Bürgermeister der Stadt Pribor. Psychoanal. Bewegung 3 (1931). G. W. XIV

Zur Gewinnung des Feuers. Imago 18 (1932). G. W. XVI, St. A. IX

Meine Berührung mit Josef Popper-Lynkeus. In der Festschrift «Allgemeine Nährpflicht» 15 (1932). Gedenknummer zum zehnjährigen Todestag von Josef Popper-Lynkeus, Wien. F. B. 6073

Geleitwort zu «Allgemeine Neurosenlehre auf psychoanalytischer Grundlage» von Hermann Nunberg. Bern 1932. G. W. XVI

Neue Folge der Vorlesungen zur Einführung in die Psychoanalyse. Leipzig-Wien-Zürich 1933. G. W. XV, St. A. I

Warum Krieg? (Brief an Einstein). In: «Warum Krieg?», Hg. Institut Internat. de Coop. Intell. Paris 1933. G. W. XVI, St. A. IX

Sándor Ferenczi. Gedenkwort. Internat. Z. Psychoanal. 19 (1933). G. W. XVI

Vorwort zu «Edgar Poe, étude psychoanalytique» par Marie Bonaparte. Paris 1933. Deutsche Ausg.: «Edgar Poe, eine psychoanalytische Studie». Leipzig-Wien-Zürich 1934. G. W. XVI

Geleitwort zu Medical Review of Reviews. Gesammelte Schriften 12. Leipzig-Wien-Zürich 1934. G. W. XIV

Psycho-Analysis. Gesammelte Schriften 12. Leipzig-Wien-Zürich 1934. G. W. XIV

Geleitwort zu Edoardo Weiss «Elementi di Psicoanalisi». Gesammelte Schriften 12. Leipzig-Wien-Zürich 1934. G. W. XIV

Vorrede zur hebräischen Ausgabe der «Vorlesungen zur Einführung in die Psychoanalyse». Jerusalem 1934. G. W. XVI

Vorrede zur hebräischen Ausgabe von «Totem und Tabu». Gesammelte Schriften 12. Leipzig-Wien-Zürich 1934. G. W. XIV

Nachschrift 1935 zur Selbstdarstellung. Almanach d. Psychoanal. Leipzig-Wien-Zürich 1936. G. W. XVI

Die Feinheit einer Fehlhandlung. Almanach d. Psychoanal. Leipzig Wien-Zürich 1936. G. W. XVI

Thomas Mann zum 60. Geburtstag. Almanach d. Psychoanal. Leipzig-Wien-Zürich 1936. G. W. XVI

Eine Erinnerungsstörung auf der Akropolis (Brief an Romain Rolland). Almanach d. Psychoanal. Leipz.-Wien-Zürich 1937. G. W. XVI, St. A. IV

Lou Andreas-Salome. Gedenkwort. Internat. Z. Psychoanal. 23 (1937). G. W. XVI

Konstruktionen in der Analyse. Internat. Z. Psychoanal. 23 (1937). G. W. XVI

Die endliche und die unendliche Analyse. Internat. Z. Psychoanal. 23 (1937). G. W. XVI

Der Mann Moses und die monotheistische Religion. Imago 23 (1937). G. W. XVI, St. A. IX

Beiträge zu den «Studien über Hysterie». Brief an Josef Breuer vom 29. Juni 1892. Zur Theorie des hysterischen Anfalls (Manuskript 1892, gemeinsam mit Josef Breuer). G. W. XVII

Notiz «III» (Manuskript 1892). G. W. XIII

Eine erfüllte Traumahnung (Manuskript 1899). G. W. XVII, F. B. 6073

Psychoanalyse und Telepathie (Manuskript 1921). G. W. XVII

Das Medusenhaupt. G. W. XVII

Ansprache an die Mitglieder des Vereins Bńai Bŕith (1926). G. W. XVII

Die Ich-Spaltung im Abwehrvorgang. G. W. XVII, St. A. III

Abriss der Psychoanalyse. Frankfurt a. M. 1953. G. W. XVII, F. B. 6047

Some elementary lessons in Psycho-Analysis. G. W. XVII

Ergebnisse, Ideen, Probleme (Manuskript 1938). G. W. XVII

Psychopathische Personen auf der Bühne. Neue Rundschau 73 (1962), S. 53. St. A. X

Freud, Sigmund: Aus den Anfängen der Psychoanalyse 1887–1902. Briefe an Wilhelm Fliess. Frankfurt a. M. 1962

Sigmund Freud – Oskar Pfister: Briefe 1909–1939. Fft.a/M. 1963

Sigmund Freud – Karl Abraham: Briefe 1907–1926. Fft.a/M. 1965

Sigmund Freud – Lou Andreas-Salome: Briefwechsel. Fft.a/M. 1966

Freud, Sigmund: An unknown review by Freud. In I. J. 48 (1967), S. 319

Freud, Sigmund: Briefe 1873–1939. Frankfurt a. M. 1968

Sigmund Freud und Arnold Zweig: Briefwechsel. Fft.a/M. 1968

Freud, Sigmund: Brautbriefe. Frankfurt a. M. 1968. F. B. 899

Freud, Sigmund, und William Bullitt: Thomas London Woodrow Wilson 1968

Gesammelte Werke, chronologisch geordnet
Unter Mitwirkung von Marie Bonaparte,
herausgegeben von Anna Freud:
Bd.
I–XVIII. London-Frankfurt a. M. 1940–1968.

I.	Werke aus den Jahren 1892–1899.
II/III.	Die Traumdeutung. Über den Traum.
IV.	Zur Psychopathologie des Alltagslebens.
V.	Werke aus den Jahren 1904–1905.
VI.	Der Witz und seine Beziehung zum Unbewussten.
VII.	Werke aus den Jahren 1906–1909.
VIII.	Werke aus den Jahren 1909–1913.
IX.	Totem und Tabu.
X.	Werke aus den Jahren 1915–1917.
XI.	Vorlesungen zur Einführung in die Psychoanalyse.
XII.	Werke aus den Jahren 1917–1920.
XIII.	Jenseits des Lustprinzips. Massenpsychologie und Ich-Analyse. Das Ich und das Es.
XIV.	Werke aus den Jahren 1925–1931.

Namen- und Sachverzeichnis

Weitere Bücher

von Klaus Rudolf Berger
(vgl. auch: www.klaus-rudolf-berger.de)

(1) Klaus Berger, Marco entdeckt die Bienenstadt. Berneck 1980, 2. Auflage 1981(vergriffen);

(2) ders.: Evolution und Aggression. Berneck 1981;

(3) ders.: Wie entstand das Leben? Die brennende Frage in Familie, Schule und Universität. Berneck 1982, 2. Auflage 1983;

(4) ders.: Aggression – Das Böse. Analyse, Kritik und Orientierungshilfe eines existentiellen Problems. Berneck 1983 (vergriffen);

(5) ders.: Ohne Liebe kein Leben. Marburg 1984;

(6) ders.: Michael Ende – Heilung durch magische Phantasien. Wuppertal 1985, 2. Auflage 1988;

(7) ders.: Angst verstehen und überwinden. Asslar 1986, 2. Auflage Wuppertal 1993;

(8) ders.: New Age – Ausweg oder Irrweg? Asslar, o. J., 3. Auflage 1989;

(9) ders.: Unendlich begeistert. Magie in den Bestsellern unserer Zeit. Asslar 1990;

(10) ders.: Konrad Lorenz – Abbau des Göttlichen. Berneck 1990 (vergriffen);

(11) Klaus Rudolf Berger, Der verkehrte Jesus. Ansichten über Jesus in unserer Zeit. Wuppertal 1990;

(12) ders.: Wer bin ich – wie soll ich sein? Kind, Frau, Mann in der Identitätsfindung. Wuppertal 1991;

(13) ders.: Begegnen statt ignorieren. Zum Aussiedler-, Asylanten- und Multi-Kultiproblem heute. Wuppertal 1993;

(14) Klaus Rudolf Berger, Mannsein verstehen und leben. Wuppertal 1994;

(15) ders.: Aggression verstehen und überwinden. Wuppertal 1996;

(16) ders.: Pornographie – Verlust der Scham. Lage 1999;

(17) Klaus Rudolf Berger, Uwe Vogelpohl, Wolfgang Peeters: Grundlagen der heilerziehungspflegerischen Praxis.
Lemgo 1999; 2. Auflage Lemgo 2001;
hier: Theoretische Grundlagen, S. 8–60;

(18) Klaus Rudolf Berger, Fernsehkonsum. Fenster zur Welt oder Droge?, Lage 2000;

(19) ders.: Auf der Schwelle ins III. Jahrtausend. Mensch, wo bist du? Wuppertal 2000;

(20) ders.: Harry Potter – Zauberlehrling des 21. Jahrhunderts. Wuppertal 2000; 2. Auflage 2001;

(21) ders.: Märchen – Harmlose Erzählungen? Lage 2001;

(22) ders.: Euthanasie – «Schöner Tod»? Lage 2001.

(23) ders.: Vom Terror zum Frieden. Wuppertal 2002.